上海棋牌

（第一辑）

上海棋院 编

上海书店出版社
SHANGHAI BOOKSTORE PUBLISHING HOUSE

《上海棋牌》编委会名单

目 录

◎ 全运传真

全运回归 上海捍卫“智力”王座 张晓露 /4

智力运动添彩智慧城市 元老级棋牌“女神”书写传奇 上海体育网 /7

母女棋手齐聚全运 这个“象棋之家”和想象中不太一样 上海体育网 /10

女大学生登上最高领奖台 上海体育网 /12

上海国跳全运会一日揽两金 “准妈妈”刘沛“双喜临门” 上海体育网 /14

上海连夺两块奖牌 彰显象棋深厚底蕴 上海体育网 /16

◎ 围棋

人机终极之战 张晓露 /18

柯洁挑战赛上海落子：六个少年冠军大战世界冠军 张建东 /23

阿尔法狗背后的人工智能技术 刘知青 吴修竹 /24

王者归来乎

——重返围甲的上海建桥学院队 张建东 /27

体俱围棋六十载 天元宝宝 /30

◎ 象棋

象棋司令胡荣华别传 童孟侯 /33

神游在八荒六合中

——中国棋王胡荣华侧记 丁旭光 /37

冲击强者 孙勇征 /41

圆梦登顶 谢 靖 /43

象棋大赛精彩片断 葛维蒲 /45

全国象棋业余棋王赛上海赛区总决赛落幕 /47

◎ 国际象棋

威武的上海国际象棋队 王 频 /48

“90后”居文君 世界棋后上海造？ 张晓露 /52

中国男子国际象棋的第一座世界级金杯 李 昂 /54

诗有别才，出类超群

——记2017年女子世锦赛跻身八强的中国棋手倪诗群 杨政芳 /56

国际象棋怎么玩？ /57

刷新纪录的克敌妙局 张伟达 /60

◎ 桥牌

桥牌的前世和今生 王俊人 /62

威尼斯杯世界桥牌女子团体锦标赛中国队参赛历史 /64

中国桥牌女队夺冠台前幕后 李京红 /65

胡基鸿：桥牌女队未来可能继续称霸世界牌坛 李京红 /66

牌桌上是需要点霸气的

——独家专访中国桥牌女队队长王文霏 李京红 /68

牌技测试与赏析 林子苏 /70

2017年“长宁杯”全国桥牌团体赛上海各队伍成绩综述 赵 冰 /74

2017年上海市智力运动会暨“体彩杯”上海市第30届队式桥牌等级赛

综述及决赛精彩牌例 电瓶猫 /75

◎ 国际跳棋

国际跳棋文化面面观（一） 林 塔 /80

跟佳佳姐姐学国跳（一） 严 佳 /82

我的“星”路历程（一）

——现役“准妈妈棋手” 刘 沛 /86

◎ 五子棋

五子棋史话 顾行云 /89

漫谈五子棋的规则 顾 炜 /92

第一届世界智力运动会，原上海市副市长赵雯与上海队三棋优秀棋手合影

第三届全国智力运动会，上汽集团原董事长胡茂元为荣获女子团体冠军的上海桥牌成年女队颁奖

第三届全国智力运动会上海代表团表彰总结会上，原上海市副市长赵雯、时任市政府副秘书长肖贵玉、国家体育总局棋牌中心原书记杨俊安、市体育局原局长黄永平、市体育局副局长赵光圣等领导与上海代表团运动员、教练员、领队合影留念

2005 年全国围棋甲级联赛中国移动上海队夺冠

2007 年全国象棋甲级联赛上海金外滩队夺冠

2016 年全国国际象棋甲级联赛上海建桥学院队夺冠

2016 年世界棋王赛前夕，上海金外滩集团董事长陈永亮、象棋特级大师胡荣华领衔的亲友团为谢靖加油

上海建桥学院董事长周星增向建桥杯五冠王张璇赠金杯

2008 年首届九城置业杯全国象棋超霸赛，李文蕴先生为蒋川、孙勇征颁奖

2010 年花木广洋杯象棋世博行，开幕式（左起：单霞丽、王铭、李登华、刘思明、马友良、李文蕴）

全运回归　上海捍卫“智力”王座

张晓露

第十三届全运会增设群众比赛类别，围棋、象棋、国际象棋、桥牌、国际跳棋等“四棋一牌”入选，其中围棋、象棋是分别继 1987 年第六届全运会和 1993 年第七届全运会后回归全运大家庭，而可喜的是本届全运会还首次设置了业余和青少年等组别，让本届全运会更加体现“全民运动会”的格局……

7 月 5 日至 15 日，棋牌项目在天津滨海一号等全运赛场举行，作为昔日全运棋牌项目中毫无争议的王者、历届全国智运会霸主上海，最终依然牢牢捍卫了自己的地位，成为本届全运会大赢家。不管是成名已久的老牌世界冠军，还是首次登上全运赛场的莘莘学子，共同展示了“智慧城市”雄厚历史底蕴和广泛群众基础……

新鲜　留学生越洋参赛

代表上海出征的选手中，有一位在美国哥伦比亚大学留学的女孩毛瀛舟。她在幼儿园中班时接触国象，小学时代起先后受到国象小世界俱乐部、金牌教练李祖年等指点栽培，还代表上海参加青少年赛事，取得了一系列好成绩，可以说小毛是在上海浓厚的国际象棋普及教育氛围中成长起来的代表。中学时代她曾中断国象训练，但考上上海财经大学之后，就第一时间向学校里的国象社团报到……

这次国象回归全运大家庭，设立业余组别，毛瀛舟正好在美国读书，而且选拔赛时间紧邻哥大的考试，不过她在财大的队友和教练都觉得她有参赛的实力，一起劝说她回国参赛，最终她自费打飞的来回大洋彼岸，以第一名身份通过选拔赛进军天津，然后又匆匆赶回去，顺利通过了考试……

这次决战天津，她的等级分排名业余女子组第一，但是第一天的三轮比赛毛瀛舟只获得一胜一平一负，其中输给了浙江对手戴离离，“对手是资深裁判，我还拿过她写的书当教材呢！”关键时刻凸显上海棋界的团队精神，中国国象首夺男子团体世界冠军（奥赛）功臣、现任上海国象队主教练倪华，为小毛可谓费尽心血，甚至牺牲了自己参赛的专业男子组成绩，全力帮助小毛备战、分析对手。比赛心态一直不错的毛瀛舟，也干脆放下了心理包袱……

他们的付出得到了充分的回报，倪华帮毛瀛舟准备的“绝着”几度派上了用场，几次在开局就确立优势拿下对手，这样让毛瀛舟赢得更多休息和调整的时间，自信心也不断上升，上海国象队领队王频也帮着安排后勤工作……对于这样的团队配合，上海棋牌运动管理中心主任、上海棋院院长单霞丽给予高度评价：“上海棋牌就是要体现大局

叶江川、单霞丽给毛瀛舟颁奖

观！不管最后成绩如何，每个人都付出努力，不怕牺牲，就无怨无悔了。”倒数第二轮战后，小毛和倪华为关注竞争对手花费了一些时间，离最后一战开赛还不到一个小时了，毛瀛舟征询倪华的意见，倪华完全不顾自己的比赛准备了，抓紧给毛瀛舟预备布局，结果又一次“押宝”成功……

毛瀛舟站上领奖台的顶端，接受中国国象“掌门人”叶江川和单霞丽携手为她颁奖，她也以一个业余棋手和高校学子的身份，成为上海业余棋牌氛围的缩影。

动容　24 年后再称霸

新人为城市争光，名将更是捍卫霸主尊严的保证。围棋的芮乃伟、桥牌的王文斐无疑是其中的代表，国际跳棋女子 64 格冠军刘沛虽然一直是这个项目的霸主，年纪还比较轻，但是本届全运会刘沛身怀六甲参赛，在紧密的赛程中面对的挑战更大，但她还是咬牙坚持下来，在主教练林塔、外籍教练尤里等悉心指点下，拿到了女子个人和混合团体（注：和吉林联合组队）两枚金牌，赛后她得到的祝贺也特别多。上海在国际跳棋项目起步晚、基础差，但是审时度势，及时引进刘沛等人才，同时注重基层推广，夯实基础，这几年取得明显的进步。

而这几位名将中，年纪最大、第一个站上领奖台高端的，还是年逾 50 的“纹枰魔女”芮乃伟！昔年，这位围棋史上第一位女子九段棋手曾离开国家队远渡东瀛，上海籍的中国棋院第一任院长陈祖德对她的离去特别惋惜，上海棋院则在她事业低谷中伸出援手，因此 24 年前芮乃伟专程从日本回国参加全运会，并和另一位名将杨晖一起帮助上海蝉联全运会金牌。

昔日夺冠的对手之一，代表北京参赛的华学明，如今是国家围棋队领队，这一次全运会选拔赛，华学明在赛场上看着芮乃伟和一帮 90 后孩子同场竞技，不胜感慨：“这就是精神力量！”更让所有人没想到的是，芮乃伟非但杀出重围晋级决赛阶段，最终还在决赛一鸣惊人，实现了 24 年后再度夺冠的奇迹。“我放眼看去，突然意识到我第一次参加全运会时，这次的参赛棋手基本都还没出生呢！”围棋是相对运动寿命较长的项目，尽管如此，24 年的跨度依然是个令人敬仰的纪录，上届全运会，包括最近几届智运会，都是每天一盘棋，而这次全运会经常是上下午各一盘棋，芮乃伟承受的压力、夺冠的难度可想而知……

当然，芮乃伟、王文斐等继续扬威赛场，也揭示了后继无人的现实，这次上海代表队的成绩主要还是靠老将和纯粹的业余棋手，上海棋坛如何面对北京、杭州等地的竞争，培养出下一代的胡荣华、常昊？这也是迫切需要重视的现实问题。

芮乃伟续写传奇，时隔 24 年再获全运会冠军（转自上海体育网）

芮乃伟在比赛中（转自上海体育网）

全运会上海团队：倪华、芮乃伟、刘世振

芮乃伟首次参加全运会时背景的这些孩子都没出生

颁奖仪式上，单霞丽与芮乃伟热烈拥抱

智力运动添彩智慧城市 元老级棋牌“女神”书写传奇

上海体育网

智力运动为智慧城市添彩！在7月8日结束的全运会群众比赛围棋专业女子个人赛中，上海老将芮乃伟续写传奇，时隔24年再获全运会冠军。由王文霏、沈琦、刘逸倩、朱萍组成的上海桥牌女队，则摘得全运会群众比赛桥牌女子团体金牌。

力争佳绩的同时，几位元老级棋牌“女神”都特别关注各自项目的普及和推广。通过全运会的引领，让更多申城青少年喜欢并参与智力运动，让“魔都”良好的棋牌文化氛围继续升温，成为大家共同的心愿。

围　棋

早在1987年和1993年全运会，芮乃伟就曾代表上海队获得全运会团体赛的冠军。时隔24年后，这位世界围棋史上首位女子九段棋手，又以54岁“高龄”再战全运，并以6胜1负积12分的出色成绩，续写传奇。

“上次参加全运会实在太遥远了，这次比赛的绝大多数对手都还没出生呢。没想到年纪这么大了，还有机会赶上一届。”穿着一件棋谱图案的简单T恤，芮乃伟感叹围棋回归不易，“围棋能重返全运的确是很值得开心的事情。毕竟作为一个体育项目，棋手如果参加不了全运会还是很遗憾的。”

芮乃伟再获全运会冠军

来之不易的机会，芮乃伟很珍惜。但四天七盘棋的密集赛程，每步30秒的快节奏赛制，比智运会夺冠时更强大的对手，让不再年轻的她明显觉得有些吃力。

“既然参加了，总是要拼一下。输赢都没去多想，只是告诉自己一定要扛过去。”一路过关斩将，击败包括头号热门於之莹在内的众多劲敌，芮乃伟的表现堪称惊艳，而一向谦虚的她却表示过程还不够完美，“其实很多棋都来不及看清，只能凭感觉去下。不过能享受围棋，尽自己最大努力，就已经很开心。”

虽然总是自嘲“老了”，身为元老级女棋手的芮乃伟，仍然一直关注着围棋的新发展。她学习“人机大战”中AlphaGo的布局思路，感谢科技发展带给围棋更广阔的世界。她也期待新人涌现，与先生江铸久一起开设围棋教室，以九段身份教刚入门的孩子下棋，只为推动围棋在上海的普及和发展。

“我们有一个围棋教室，他带得比较多。上海想学棋的孩子很多，通过学棋，他们未必要成为职业棋手，但可以从中学到很多下棋以外的东西，是很好的事情。”芮乃伟认为，“人机大战”和全运会带来的热度，对于围棋项目的推广都有很大的积极作用，“职业选手都是从业余成长起来的。业余的开展得好，职业的才有基础。一大批职业棋手和业余高手都在做围棋教学，这是很好的推动。”

桥　牌

作为全运会桥牌女子团体比赛的热门队伍，由王文霏、沈琦、刘逸倩、朱萍组成的上海队，先是在半决赛中大比分战胜重庆队，尔后又以77比43击败最强对手北京队，如愿获得一枚金牌。在之后的全运会桥牌双人比赛中，刘逸倩、朱萍为上海队再添一金，和王文霏、沈琦一起包揽了女子双人赛的冠亚军。

“我记得桥牌上一次出现在全运会还是上世纪80年代，当时是作为表演项目，我也参加了，成绩不是太理想。这次全运会重新设项，群众性更强，很多业余牌手都能参与其中。”身为元老级世界大师，刘逸倩坦言，部分业余选手在比赛时的确会出现不完全熟悉规则的情况，“但比赛重在参与，宗旨是推广桥牌运动。参与的人多了，桥牌就会有好的发展，希望桥牌能一直留在全运会，这对于桥牌的普及和推广很有帮助。”

王文霏、沈琦、刘逸倩、朱萍组成的上海桥牌女队，摘得全运会群众比赛桥牌女子团体金牌

说到推广，身为女子桥牌世界第一人，同时也是世界桥牌联合会推广大使的王文霏，无疑最有发言权。

“非常幸运，第一次参加全运会就拿到了冠军。这次全运会预赛有万余人参加，参与程度非常高。入围决赛的选手中，年龄跨度也很大，从11岁的小朋友到72岁的老人都参与其中，说明桥牌的确是适合各个年龄阶层参与的项目。”王文霏为自己和队友收获冠军感到骄傲，更希望能以此带动桥牌运动在上海、在全国的发展。

“最近中国桥牌协会从学校开始普及，开展了一系列桥牌进校园、桥牌大讲坛等活动。可以说，桥牌在学校层面的普及做得非常好，尤其是在上海。”王文霏特别提到了前几天刚刚落幕的首届上海市青少年桥牌公开赛，85支队伍踊跃参赛的火爆场面，充分展现出桥牌运动在申城青少年中的受欢迎程度。

受限于本次全运会的海选规则，一些实力出众的上海青少年选手未能获得亮相天津的机会。但四位参加青年团体赛的小选手，还是让王文霏看到了上海桥牌可期的未来。

“有一对小朋友学桥牌时间不长，能获得参赛机会，并且有现在的表现，已经非常不简单。在第一天形势不利的情况下，他们与队友一起获得青年团体第五名，非常不容易。假以时日，他们将会成为非常优秀的牌手。”王文霏说，“希望以后我也有更多机会走进学校或俱乐部，与孩子们进行交流。在青少年人才培养方面，上海已经领先一步，走在了前面。”

全运会和全国智力运动会连续收获佳绩的同时，随着城市业余联赛智力运动会、“挑战常昊”、“挑战胡荣华”等适应各类人群参与的赛事活动火热开展，申城棋牌文化氛围越来越浓厚，群众基础也有了一定深度。今年，城市街头新增的一批益智健身苑点，更是让智力运动进一步贴近百姓，来到市民身边。

在上海建设智慧城市的进程中，智力运动已成为一张亮丽的名片。

王文霏在比赛中（转自上海体育网）

沈琦在比赛中（转自上海体育网）

朱萍在比赛中（转自上海体育网）

刘逸倩在比赛中（转自上海体育网）

尝尝金牌的滋味

母女棋手齐聚全运
这个“象棋之家”和想象中不太一样

上海体育网

妈妈与女儿齐聚全运赛场，父亲又是国内赫赫有名的象棋大师，在这样的“象棋之家”，平时聊起最多的话题竟然还不是象棋！今天的全运会群众比赛象棋项目的赛场，留下了这样一段温馨又有趣的佳话。

非典型的“象棋之家”

在象棋圈子里，棋坛伉俪其实不少。作为本届全运会上海象棋队领队，上海棋院副院长、象棋特级大师欧阳琦琳就是与象棋大师董旭彬结缘于“楚河汉界”。这一次，两位大师的女儿董嘉琦也来到了天津，参与女子专业项目的角逐。

母亲侍群

不过，今天故事的主角——参与业余女子组的侍群和参与少年女子组的宇诗琪所身处的家庭，却和传统认知里的“象棋之家”有些不同。尽管先生是国内知名的象棋大师宇兵，但侍群小时候却几乎没有任何学习象棋的经历，作为小学数学教师的她当初是因为学校开设象棋兴趣班又缺乏师资，才临时抱佛脚，边学边教。虽然半路出家，但或许是在丈夫身边耳濡目染，侍群很快在上海业余选手间蹿升，还在第三届全国体育大会上夺得过一枚团体金牌。

父亲是象棋大师，母亲又是业余高手，即将在上海五十四中念初二的宇诗琪走上象棋之路似乎顺理成章，但事实却并非如此。读小学前，宇诗琪并没有接受过专业训练，反而与别的孩子一样，学习着跳舞、画画。

女儿宇诗琪

直到读一年级的时候，她才开始没事跟着去少体校教小朋友的爸爸，看看别人下棋。深知学棋不易的父母不愿将自己所爱强加给孩子，直至如今他们依然觉得今后走哪条道路要让孩子自己选择，但幸运的是，宇诗琪继承了这份热爱。

宇诗琪说："小时候没怎么学棋，但后来就爱上了下棋，因为觉得这件事很有趣，以后也很希望能成为一名专业棋手。学棋的过程里，胡荣华是我的偶像。额……其实爸爸也是！"

有个象棋大师爸爸？压力山大！

正式学棋后，宇诗琪很快展露出了优秀的天赋，没多久就在上海市的某次比赛里获得了乙组（一至三年级）冠军。只不过，别人家的孩子取得好成绩，家长们恨不得全世界都能和自己一样骄傲，而宇兵却只是平静地将女儿的奖状放进抽屉。

说起有着这样一位大师父亲，腼腆的宇诗琪也坦白"确实有一些压力"。其实，在宇诗琪刚学棋的那几年，都只是和其他孩子一样接受训练，父亲也很少给她开小灶。至于理由，则听起来有些小"傲娇"。用妈妈侍群的话说，"孩子太小，他觉得教起来没意思。"但等到女儿的棋艺渐渐有所长进，宇兵就开始时不时地给她指点，严厉却满是父爱。而每当下棋遇到困难，女儿第一个想到去求教的也正是自己的父亲。

青少年时期通常是象棋选手们长棋最快的阶段，如今宇诗琪已经能在和妈妈的对抗中不落下风了，那她是不是也时常会在家里挑战一下父亲呢？答案又是出人意料的否定。

"她爸爸太厉害，我们在家里从来都下不起来。"在侍群的记忆里，即便平时在家吃饭，一家人也几乎从来不会聊起下棋的事情，反倒是某一次比赛时，她与宇兵在棋桌上相遇了。那一刻，侍群的内心显然是崩溃的，"能怎么办呢？就一个想法，反正我下不过。"

温馨、和谐、有趣，在这样一个非典型的"象棋之家"，从来不会有太多"为谁完成谁的梦想"之类的严肃命题，宇诗琪也从来不必背负来自家庭的压力，需要做的只是继续自己对这项运动的热爱。而母女同台的这幅景象，也将成为全运会象棋比赛里的一段佳话。

象棋特级大师谢靖为宇诗琪拆棋

女大学生登上最高领奖台

上海体育网

7月7日，第十三届全国运动会群众项目国际象棋决赛阶段比赛在天津滨海新区落幕。在业余女子快棋比赛中，上海财经大学学生毛瀛舟登上最高领奖台。

上海财经大学学生毛瀛舟登上最高领奖台

“拿下一场硬仗！好激动！”走出棋室，一个月前打着“飞的”拿到全运会决赛门票的毛瀛舟，开心地与大家分享夺冠心情。历经一波三折，这位拥有着超级“大心脏”的上海财经大学女生，在为期三天的比赛中完成逆转，为上海摘得全运会群众比赛国际象棋业余女子组金牌。而代表上海出战国际象棋男子业余组的庞博同样收获佳绩，取得一枚银牌。

第一个比赛日结束，排名仅列第13位，对于等级分在所有女子业余组选手中高居首位的毛瀛舟来说，没能取得最理想的开局。这一瓢“冷水”，浇进小毛心里，“的确有点紧张，毕竟离冠军越来越远了，感觉离自己的目标有距离了。”短暂的情绪波动不可避免，但积极开朗的毛瀛舟很快就调整好了心态。“理性告诉自己没关系，后面还有机会，一定要顶住压力。”她跟父母和朋友聊天，与队友和教练交流，舒缓心情，分解压力，“然后把每盘棋都当做第一盘棋来下，卷土重来！”

果然，从第二个比赛日开始，毛瀛舟进入状态，愈战愈勇。六轮过后，她与其他五位选手并列第一。离冠军近了，新的压力也来了。“形势非常紧张。虽然我等级分高，比赛经验方面有一定优势，对手看到我可能也会觉得有点心虚，但民间高手其实很多，大家整体实力并没有差太多，所有对手都不能轻视。”身在“明处”的小毛，提醒自己依然要保持平常心，“很多人都认识我，有些朋友甚至觉得这冠军我能稳拿。但我就不去看别人的棋，只管做好自己。”

最后一轮，只需要和棋就能夺冠的毛瀛舟，平静而自信地走进棋室。执黑的劣势，对手争夺奖牌的求胜心，都没能阻挡她最终登顶。“冠军虽然近在咫尺，但我一点都不敢放松。结果对手提和，正中我心意，果断同意。”直到此时，所有的紧张情绪都化作开心，回头去看，小毛感叹，“其实快棋赛主要就是拼心态，感谢爸爸妈妈、队友和教练帮我疏导。这次比赛的每盘棋都赢得不轻松，现在总算解放啦！”

对毛瀛舟寄予厚望的教练王频，赛后也对小妮子的“大心脏”赞不绝口：“全运会比赛，各省市都非常重视，业余选手经过集训后实力明显提高，竞争其实非常激烈。”她直言，胜负关键就看临场发挥，“心态好了，就能发挥出自己的水平，甚至是超水平发挥。尽管第一天比得不好，小毛还是不急不躁，心态保持得挺好。”

除了自己拥有一颗大心脏，毛瀛舟还特别将感谢送给了国象大师级选手倪华。“最感谢教练华哥，他不只是最后一盘给我指导，比较关键的几盘，他为我做的准备都有很大帮助。非常感谢他！”

倪华此次代表上海参加快棋男子个人组和混合团体组的比赛。虽然自己战绩不太理想，但他一有时间就为业余选手支招，毫无保留地贡献自己的“世界级套路”。

针对毛瀛舟第一个比赛日在时间把握上出现的问题，倪华针对性地为她做开局准备。“就是这几个套路，让她在后面的比赛中，时间上明显占有优势。”王频介绍说，“有些势均力敌的局面，她都凭借时间上的优势，最终拿下了比赛。”

最后一个比赛日，毛瀛舟比赛的同时，倪华也在进行自己的比赛。考虑到自身成绩已经没有突破的机会，倪华将更多精力用于以教练的身份为毛瀛舟做现场指导。“我也算是‘老司机’了，针对她们的形势，用最快的时间布置战术，作出调整。”倪华说，“如果落后，就让她采用相对激进一点的下法。最后我们本来准备了‘拼命’的布局，但形势改变后，只要和棋就能夺冠，我们就改用比较稳的布局。”事实证明，倪华的世界级“套路”颇有成效，小毛连说：“很多都准备上了。”

有顶尖大师当“军师”，有整个团队作为强大后盾，曾经在“舞台下”仰望专业选手的毛瀛舟，不仅登上了梦寐以求的顶级舞台，更是成为了这个舞台上闪耀的明星。

“感谢这个机会，登上全运会是难得的机遇，获得全运会冠军更是一生难忘的经历。”小毛说，夺冠消息已经瞬间传遍了家人和朋友圈，“虽然还是不会选择成为专业棋手，但国象已融入我的生命，不管走到哪里都是我身上的烙印。”

倪华和毛瀛舟

上海国象队合影

上海国跳全运会一日揽两金 “准妈妈”刘沛“双喜临门”

上海体育网

7 月 15 日，全运会群众比赛国际跳棋决赛落幕。在当日的比赛中，“准妈妈”刘沛双喜临门：在摘得 64 格女子组个人金牌的同时，她与上海学生棋手阮玮毅、吉林选手尹东恒组成吉林上海联队，在 64 格混合团体项目的争夺中荣获桂冠。

领奖现场

“不管逆境还是顺境，想到有个小家伙陪着自己，总是能让自己平静下来。”作为国际跳棋的全国及亚洲锦标赛冠军，刘沛经历过许多重要的时刻，但从没有一届赛事如这届全运会这般特别——今年年初，她幸运地得知十月自己将正式成为一位母亲，如今这位“准妈妈”则与肚子里的宝宝一起站上了全运会的最高领奖台。

“准妈妈”的全运冠军之路

尽管已是国内顶尖国跳棋手，但刘沛的棋龄其实不过十年。在这之前，她所从事的是国际象棋，扎实的国象基础让她在国际跳棋的道路上走得比一般人更快。

为了备战全运，刘沛与队员们一样在常规训练之外增加了许多针对性的训练，但突然降临的喜讯背后也意味着，她要比别人付出更多。“因为情况特殊，我的体能和精力消耗特别大，一到高强度比赛难免疲惫，自己也必须更加注意。”

对于一位“准妈妈”而言，平时习以为常的数小时训练会让她疲惫异常。但领导、教练、队友们的理解、关怀与支持她，队里为刘沛安排了特别的作息计划，让她在保证自己和孩子健康的前提下，一路坚持了下来。

赛后，这位了不起的“准妈妈”，在现场简单接受了记者采访。

问：第一次站上全运舞台，感觉怎么样？

答：在棋牌运动发展迅速的大环境下，国跳能进入全运会让我们每个人都感到很骄傲。这次比赛有 16 位从各省选拔的顶尖选手，能最终夺冠，很幸运也是很难忘的回忆。

问：有没有觉得是孩子给自己带来了好运？

答：好运不太敢想，人们都说“一孕傻三年”嘛（笑）。虽然小宝宝确实对我身体带来了一些影响，但在比赛时不管逆境还是顺境，想到有个小家伙陪着自己，总是能让自己平静下来，自己也因此能有一个平和的心情去应对激烈的比赛。

问：孩子的名字想好了吗？接下来有什么打算？

答：大名还没起好，先生在家琢磨着呢！小名倒是之前就起好了，叫“欢欢”，欢快的欢。也是希望他（她）能快快乐乐能陪着我一起度过这届意义很重大的全运会。

接下来我的重心要放在宝宝身上，这是我无论作为母亲，还是对于家庭都应尽的责任。如果恢复得比较好，或者是精力可以分配的话，还是希望能回到赛场上。因为国际跳棋是我的事业，我也希望能为国跳做得更多。

联合组队背后的“上海情缘”

在国内跳棋界，上海队一直是一股不容忽视的力量。上海国跳队不仅有着融洽而又向上的训练氛围，同时也抱着谦逊的态度积极聘请外教，吸取国外先进经验。

本届全运会，为了促进国际跳棋项目的发展与普及，上海与吉林联合组队，两地选手及教练团队通过训练与比赛期间的频繁交流彼此吸取经验。事实上，在如今这支吉林上海联队中，吉林选手尹东恒同样有着很深的上海情缘——他曾是上海国跳队的签约棋手，也曾经代表上海参加过智力运动会。

正是在这样越来越频繁的交流中，中国的国际跳棋发展才会如此迅猛。

“准妈妈”刘沛在比赛中（转自上海体育网）

上海吉林联队获得 64 格混合团体冠军（转自上海体育网）

上海连夺两块奖牌　彰显象棋深厚底蕴

上海体育网

时隔24年，象棋重回全运会的舞台。在这片久违了的赛场，上海象棋留下了深刻印迹。

7月13日，全运会群众比赛象棋决赛落幕。上海队时凤兰、徐崇峰、张瑞峰组合斩获大学生混合团体组铜牌，而出生于象棋之家的小将宇诗琪则荣获少年女子个人项目铜牌。一日连夺两块奖牌，瞩目的成绩背后所彰显的，是上海深厚的象棋基础与氛围。

上海队时凤兰、徐崇峰、张瑞峰组合斩获大学生混合团体组铜牌

“象牙塔”内蕴育象棋人才

在国内众多高校中，说起棋牌项目，上海财经大学是不得不提的名字。在国内，多数拥有象棋特色的高校招募的几乎都是已经功成名就的大师，而上财却是少有的、在高中生中选拔顶尖象棋人才的高校。本届全运会上，为上海夺得铜牌的时凤兰、徐崇峰、张瑞峰正是来自这所棋牌项目底蕴深厚的高校。

作为大一新生，徐崇峰、张瑞峰两位大男孩其实早已熟识。在过去参加少年赛，他们时常作为对手碰面，如今走进“象牙塔”，他们获得的则是一个更加开阔的平台。徐崇峰在接受采访时说：“我既是象棋社的成员，也是学校象棋队的队员，这里的象棋氛围很浓厚。我和张瑞峰过去是对手，现在能作为队友进入同一所学校，觉得是一种缘分。在财大的象棋队里，有很多优秀的棋手。我们每周都会在一起集中训练。学校非常支持我们比赛，老师也时不时来关心比赛的情况。”

上海队时凤兰在比赛中

换一个角色继续追梦

尽管都已是身经百战，但三位学生棋手都坦言，第一次站上全运会的舞台难免会有些紧张。为了能让大家安心比赛，本届全运会上海象棋队领队、上海棋院副院长欧阳琦琳从后勤保障到赛后的心理疏导，事无巨细、无微不至。

在今年的天津之前，象棋最后一次出现在全运舞台（当年作为表演项目）是1993年的第七届全运会，而欧阳琦琳正是那届赛事象棋团体金牌的获得者。尽管如今早已退出棋坛一线，但欧阳琦琳始终难舍对象棋的热爱，用她的话说，“有时候看队员们比赛发挥得一般，恨不得自己去下。”这一次，欧阳琦琳年仅16岁的女儿董嘉琦也来到天津，在专业女子组中与众多成名棋手角逐。而早已完成从竞争者到管理者角色转换的欧阳琦琳，则以另一种方式延续着自己的热爱。

欧阳琦琳说：“作为领队，我的任务就是队员们提出的要求、遇到的困难，我都要尽最大努力帮大家解决，作为队员之一的董嘉琦当然也不例外。这几天，我一直和她住在同一个房间。其实，不管是她还是其他队员比赛，我都会紧张，时不时地还会溜进去看看情况。”

上海队徐崇峰在比赛中

欧阳琦琳觉得女儿很有自控能力，现在大了也需要独立的空间，“我在生活上给她留了很多自己的空间。最欣慰的是，在下棋这方面，她还是挺认同我的，平时给她讲讲下棋的道理，她都很认同。这次来比赛，其实我也没对她有过什么目标，毕竟她还那么年轻，对手都是那些已经打出名头的成年选手。”

申城民间象棋氛围愈发浓厚

经历多年悉心培育，上海象棋的后备人才断档早已成为过去。无论是棋院的专业棋手，还是高校里的学生军，都有越来越多优秀的苗子涌现。而在民间，申城的象棋运动同样发展得如火如荼。

在上海，几乎每一位业余棋手都曾听说过“挑战胡荣华”上海市民象棋挑战赛这场经典赛事。如果你翻看上海城市业余联赛的赛历就会发现，各类象棋赛事早已贯穿全年的多数月份，为上海的业余高手们提供了切磋棋艺的渠道，而在不少赛事的现场甚至还出现了因爱慕中国文化而学习象棋的“洋面孔”。

随着象棋群众基础的日益夯实，象棋传统文化的不断推广，上海象棋未来势必将散发更耀眼的光芒。

上海队张瑞峰在比赛中

人机终极之战

张晓露

围棋的“人类保卫战”

——写在乌镇人机大战前的话

去年3月15日，一场被誉为“人类保卫战”的对抗在韩国首尔四季酒店戛然而止，这场对抗不是科幻，更不是军事，而是发生在现实中的智力对抗——围棋赛，比赛结果已经众所周知，谷歌公司开发的围棋人工智能软件“AlphaGo”(昵称“阿尔法狗”)以4比1完胜一代围棋天王李世石。

为什么把围棋比赛誉为“人类保卫战”？旅美职业九段江铸久曾介绍：美国几位教授曾搜集了全世界6000种智力游戏，然后进行电脑模拟，几乎所有的种类都在数日之内被计算机“破解”，唯有围棋非但能战胜计算机，而且差距甚大，按照人类棋手的标准，大约是职业高手和业余高手的差距。其原因就是在于，相比象棋“擒王”的终极目标，围棋“实、空、地”都是相对的图形概念，却用黑白两种棋子在361个交叉点上演绎出天文数字级别的变化，所谓“千古无同局”就是这种变化的结果。然而，时过境迁，包括围棋界在内的大多数人还是忽略了计算机的发展，尤其是在硅谷正形成新产业热点的人工智能。

从目前披露的信息看，这次谷歌软件横空出世，很重要的是参与者有业余围棋高手，而其“作战思路”有了根本性的改变，从“穷尽”算法，改为大量吸收古今对局的计算处理，最明显的，就是从2015年10月“阿尔法狗”5比0零封欧洲冠军樊麾，到去年3月击败依然征战在一线的李世石，从它的棋谱中阅读出的“进步”信息，是让围棋界的权威们震惊的，这种进步，就是来源于它对不断增加的对局内容如海绵吸水一样地不断吸收、消化，这被形象地比喻为人类的“学习”，而依托庞大的海量计算器联网，这种“学习”的效率何等可怕？而围棋这座最终堡垒的攻破，更是直接让人意识到人工智能即将对人类生活的改变！这也正是为什么一场围棋赛，引发全球轰动的原因。

人机大战柯洁海报

围棋走红，意外地还走红了一位中国少年。阿尔法狗和李世石的首局对抗，一位客座某网络直播平台的棋手在自己微博中留言："就算阿尔法狗战胜了李世石，但它赢不了我。"寥寥数字引起轩然大波，随即第二天他又更新："看来围棋盲还是不少啊，在这里我简单介绍一下自己：我叫柯洁，1997 年出生。现在暂时是世界围棋第一人（特地用了暂时，谦虚是美德）。正式比赛我是单盘 8∶2 碾轧李世石（他赢的这两盘没有任何作用），世界冠军获得过三次（此年龄如此成绩前无古人），大小国内赛事冠军次数我本来真不想提这些的，因为我是一个低调的人，是你们逼我的。"这一条收获了 27000 余次转发，以及 81000 余次点赞，同时让柯洁的粉丝数增加了几十倍。

谷歌选择李世石下"人类保卫战"，是因为过去十年他是获得围棋冠军头衔最多的人，而且他充满个性，敢于否定自己下出一般人难以想象的变着，对局第四盘的胜出正是这种证明，然而不争的是，李世石已经过了巅峰期，他并不能代表目前人类围棋的最高水平。因此，柯洁和阿尔法狗的对局就成为人们期待的事情了，一直到今年 4 月，这一"乌镇论剑"才得到确认。

不过值得提醒的是，上文说到，"阿尔法狗"拥有惊人的计算能力，去年的倒数第三天，一家围棋网站的对弈平台出现了一个新注册号"Master"（大师），此后大师开始了横扫全球职业高手，近百战无一败局，其中柯洁的账号也脆败在了它的刀下，最后谷歌证实，"大师"正是"阿尔法狗"的升级版。

面对人工智能，人类真的无解了吗？"大师"的全胜，是基于网络棋赛超快棋赛制，而使用正常的慢棋赛制，人类出错的可能性会大大降低，而且这次除了柯洁外，还会举行人类年轻高手团队作战，以及古力等高手和"阿尔法狗"联手对抗，可以说，既是代表目前人类智慧最高水准的"终极保卫战"，同时也是对人工智能和围棋世界深处的一次重要尝试。

人机最终战！

2017 年 5 月 23 日至 27 日，围棋世界冠军柯洁九段和谷歌公司开发的人工智能围棋对弈软件"阿尔法狗"（AlphaGo 音译）在浙江乌镇进行了三番棋的对抗，和一年前第一代版本软件与李世石公开进行的首次"人机大战"不同，这一次代表人类出战的是目前棋界真正的"第一人"，而"冷酷"的对手也悄然完成了升级换代，被判定为"可以让李世石三个子"，这在围棋界已经是一个相当巨大的差异了……

人类最终输了，作为这个星球最高智慧代表的柯洁，这位年仅 19 岁、个性十足的少年领袖，竟然在最后一盘对局的最后时刻难以自抑地痛哭，导致棋局中断整整 20 分钟，也从一个侧面验证了这场比赛的残酷。然而比赛的意义远不在此，由人类智慧产生的人工智能，跨越了代表全世界难度最大的智力游戏围棋之后，将以不可阻挡的态势席卷人类社会各个领域，一如"阿尔法狗"之父哈萨比斯所说："希望通过人工智能改善世界……"

这手棋　下辈子也想不到

4 月 10 日下午，谷歌在北京的中国棋院召开新闻发布会，正式宣布新一届人机

柯洁钓鱼

大战。

作为赛事主要内容的三番棋大战第一局于23日正式落子，包括聂卫平在内的很多高手早早进入研究室，这在最近的世界大赛中都不多见——一般围棋正式比赛都比较漫长，大多数专业棋手都是下午餐后午休完才出现在研究室，这也说明了大家对“狗”的重视，最关注的还是在年初谷歌团队以“大师”账号在对弈网站上测试新版“阿尔法狗”，结果对人类顶尖棋手完成60连胜。而从那时到现在几个月，“狗”的实力还在无穷增加，难怪去年信誓旦旦能战而胜之的柯洁，在来乌镇前语气不断降低、软化。

一手“并”，让聂卫平发出“下辈子也想不到”的感叹，这位曾经被尊为民族英雄式的一代泰斗的态度足以代表所有观战高手的心态，世界冠军夫妇常昊、张璇，8次称雄世界个人大赛的古力等无不如此。虽然大家也早有心理准备，但是亲眼看到正式对局中“阿尔法狗”的实力表现，还是相当震撼。赛后他们被谷歌团队告知，新版的“阿尔法狗”软件水平“可以让第一代3子”。如果一年前李世石还有机会以软件漏洞赢一场，那这一次对决“赢棋”这两个字已注定是一种奢望了。

稍微让人看到一点希望的是第二局，之前一天柯洁努力地放松自己的心情，特地拉上好友连笑去钓鱼、射箭。在第二局他充分显示了一位人类棋手的不屈不挠，甚至一度处于领先，这一点可以让谷歌团队来证明，他们的领导者哈萨比斯透露，其实对局过程中一直存在一个评估系统，而对柯洁在第二局前半盘的表现，“阿尔法狗”给出的评价是“完美”，导致“前一百手势均力敌”。古力的评价也非常客观：“我一度感觉今天有希望见证历史，主要是AlphaGo前面总下出我的招，说明还没有超出我们思考范围。看柯洁落子气势出来了，在这种对杀局面，柯洁可以让我两子。”

尽管如此，一个细微的劫材判断，葬送了人类最后的努力。

“我们从来没有看到这样势均力敌的比赛”，第二局结束后柯洁事实上已打掉了棋界人士最后的幻想，这一点也可以从哈萨比斯爽快答应第三局不用猜先而让柯洁执白来验证。“在现场看棋，感慨良多，这是一次精彩绝伦的对局，未来可以品味很多东西。乌镇，我们不枉此行!”国家队领队华学明赛后新闻发布会上的这番话事实上相当于“失败感言”。

没有对手　除了它自己

让人动容的是，在最终局将近尾声时，柯洁一时忍耐不住失声痛哭，比赛为此中断了整整20分钟。这一场面历史上也曾在棋局决战中出现过，甚至拍成了影视剧，事后被论证棋手是处于巨大胜负压力下的自然行为，甚至发生时自己完全感受不到……这也验证了比赛现场的氛围。“我不想说，这是一个双赢的局面，这次比赛输了很难过……AlphaGo太完美了，我很感谢这样一个对手，我希望今后自己再进步一点，但我也知道今后差距会越来越大，它会变得越来越完美，想超越AlphaGo，这辈子也不可能，AlphaGo改变的是世界，我只能超越自己，改变自己，我想做好自己就可以了。”

这一点谷歌团队也予以证明：“阿尔法狗”已经不需要人类棋谱，而可以进入“自我学习”状态。

珍惜这一次难得的“人机大战”，中国棋院也是煞费苦心，在三番棋对局外，还安排了两盘特别对局，其一是由时越、唐韦星、陈耀烨、周睿羊和芈昱廷等5位年轻的世界冠军“群殴”阿尔法狗，因为软件的最大优势是不出错，而人类棋手几乎很难避免错误，比如柯洁第二局就败于一枚劫材。但实战来看，5人联手固然降低了错误率，也大大限制了创造力，围棋，是需要系统思维和构局的。难怪这五位世界冠军一致反对处于休息状态的柯洁加入战团，唯恐他“跑调”，尽管如此还是难以阻止“阿尔法狗”牢牢地将主动权捏在自己手里。一直到棋局最后，五将合谋想出一个骗着，对手居然一时上当，弄得五人一起捂脸苦笑，但胜负早定，“无伤大雅”。

这次乌镇“阿尔法狗”还真的没有守住“不败金身”，只是打败它的还是它自己，原来这次还特地安排了“混双赛”，由“天元名人”连笑和古力分别搭档“阿尔法狗”对弈，最终“连狗”组合战胜了“古狗”……

赛后柯洁和“阿尔法狗”研究团队相继表露了不再参加“人机大战”的意思，现场观战并参与讲棋的女子世界冠军张璇感慨：“看柯洁表情，能感觉到和人类比赛时没有的一种杀气。”而聂卫平更是只剩摇头和玩笑：“阿老师的招太牛了……柯洁想赢估计只能靠找到Bug（注：程序漏洞），或者派人去拔电源……”

值得一提的是，在闭幕式上中国围棋协会主席王汝南正式授予“阿尔法狗”职业九段证书，让这一场具有历史意义的风云聚会画上了句号。

锵锵三人行　昔日领军皆俯首

这次人机大战关注度之高超越以往，棋界人士更是百分之百地全力参与，甚至出现

柯洁射箭

了柯洁完败后很多日本棋迷在社交网络上安慰柯洁，为他叫好的罕见一幕，而其中，几位昔日领军人物的表态尤其引人关注，毕竟他们曾经站在世界棋坛的巅峰，俯视的视野和一般的棋迷完全不一样吧？当然，0比3的完败，也让这些昔日纵横捭阖的国手不得不在胜负面前现实一点，连曾经目空一切的李世石语气也低调了起来。

“我想告诉他，他真的辛苦了！”27日在首尔韩国棋院的电视直播间就柯洁和阿尔法狗之间比赛直播担任解说后，李世石发出了感慨：“柯洁九段理所当然应该获得掌声……对柯洁这次比赛的内容我也不满足，但是我完全能够理解他，柯洁九段尽力了。”一年前曾经和“阿尔法狗”展开五番棋大战的他，让世人彻底颠覆对围棋软件的认识，也正是因为赛前准备不足，所以他也经历了非常痛苦的承认失败的过程，不过幸运的是，他找到了初代软件的漏洞，赢了一盘棋，这也是有记录的唯一人类对“阿尔法狗”正式比赛的胜局，而今天的升级版已经不能同日而语了，李世石评价为“过于稳定”，乃至基本看不出来它的变化，“和一年前我们比赛时相比，那时还能看到对手一些问题手，现在从始至终由它一直稳稳地掌控着比赛的局势。”换而言之，柯洁纵是发挥完美，也很难找到战胜的契机。“柯洁九段放下了一切，毅然无悔地寻找机会，搜索着最艰难的契机，他尽了全力……虽然最后失利的结果非常点可惜，但是我想他一定从这次对局中学到了很多的东西。”语气之中满是惺惺相惜。

作为资深前辈的“棋圣”聂卫平，受邀担任本次大赛裁判长，在现场和观战室认真观看了比赛全过程，甚至连吃午饭都顾不上了，一向口无遮拦的他，这一次则是把“谦逊式幽默”发挥到了极致：“柯洁的发挥无法左右最后的结果，发挥得坏是输，发挥得好也不可能赢。柯洁虽然下得很努力，但

对手毕竟太强了。”从第一局不为其他棋手重视的布局开始，聂卫平就认准柯洁会是完败的结局，甚至点出其中几手棋：“下辈子我都下不出！”直指目前人工智能软件和人类棋手实力相差之大。这次在乌镇，老聂还以心悦诚服的姿态发明了“阿老师”的称呼：“人类棋手能和AlphaGo比赛是种错觉，以后应该是虚心向‘阿老师’请教、学习。这次几盘棋AlphaGo给我们上了好几次课。”

受邀担任讲棋嘉宾的三任世界冠军得主、上海籍棋手常昊，整个赛程都留在乌镇观战，作为承上启下的中生代棋手，又是见证互联网时代兴起的“70后”，常昊的观点比较客观均衡，“这次确实从结果来看，人类一盘都没有赢，作为棋手也不免失望，又要客观承认阿尔法狗的实力超过了我们很多！很多内容值得我们学习和探索。这次人机大战科技战胜了人类，但我还是希望不要影响大家对围棋的认同……”常昊认为，关键在于对围棋的理解，不能仅仅拘泥于胜负：“对于职业棋手胜负是很重要，但除了胜负，围棋还有文化和思想，应该值得去挖掘、发展、探索……”常昊再一次感慨“围棋确实很难”，“人机大战”的结果更是证明人类自身对围棋的认知还是很有限的，由此常昊憧憬：“人工智能的出现，也许能帮我们去更好探索围棋的真理。”

研发者揭秘：学习

得米斯·哈萨比斯（Demis Hassabis），“阿尔法狗”主要研发者，伦敦大学学院认知神经科学博士。他在2010年与两位合伙人一起组成研究人工智能的DeepMind团队，和从硅谷到金桥的万亿科研团队一样默默无闻，直到2014年谷歌以DeepMind在2014年6亿美元收购。值得一提的并非只有这个数字，而是哈萨比斯和他的团队如今已经帮助

柯洁在对局中

曾经是搜索引擎代名词的谷歌把未来十年发展方向确认为“人工智能（AI）第一”，其标志就是人机大战，这也就不难理解为什么这一场围棋赛能在世界范围内产生如此重大的影响。

更值得关注的是，很多围棋界人士都知道，之前人工智能精研围棋而未能达到横扫国际象棋的“深蓝”之类的成就，一个很重要的误区是“穷尽”算法，这一点不断被验证人类大脑之复杂完胜芯片处理器，而“阿尔法狗”的成功关键，哈萨比斯给出了两个字：学习！也就是说，哈萨比斯团队的成功之处，正是用人类的方式，加上芯片处理器的优势，打败了人类。这不是一场围棋赛的胜负，“机器学习”很可能将改变这个世界。

哈萨比斯出生于伦敦，父亲是塞浦路斯人，母亲是新加坡华人，也许因为这个原因他学会了下围棋，据他自己所称达到了业余初段的水平，“不过我有些生疏了”，不过这并不要紧，在他的团队里有水平更高的业余棋手黄博士，还有欧洲冠军，后来成为“阿

尔法狗”第一个正式试刀对象的樊麾，这保证了他们的研发基于对围棋足够了解，“尽管围棋是一项亚洲的、中国的游戏，但是它在全世界范围内都很流行，尤其是英国的数学家们。我是在剑桥读本科的时候学会了下围棋。在剑桥大学有一家非常棒的围棋俱乐部。此外，在 Deep Blue 20 年前打败卡斯帕罗夫，摘得人工智能研究的圣杯之前，人们都认为由于下棋过于复杂、深奥，而且依赖直觉，机器很难掌握这项游戏。所以我不认为这代表了一种文化差异，因为人工智能打败人类的第一项棋类是国际象棋，在那之前则是国际跳棋。这些都是西方的棋类游戏。而围棋那么特别只是因为它正好是最困难的棋类项目，需要最顶尖的、完美的信息处理能力……”这次乌镇的论坛上，哈萨比斯表示他的目标是让人工智能成为探索宇宙的“终极工具”，他当场提出的口号是：解决智能，再用智能解决一切。而他的团队找到的突破口就是“学习”。简而言之，就是让“阿尔法狗”不断地学习、消化、吸收以往所有的对局，以寻求在对局复杂变化中最好的应着，注意，不是以往的“穷尽”——这正是围棋“千古无同局”的魅力所在，而是基于越来越强大的机器计算能力的“学习”。打个简单的比方，以柯洁的天才，他可以在一周之内认真消化个几十盘对局，学习其中的“新内容”，而“阿尔法狗”可以把一周内发生在全世界范围内的几十万盘对局不分新旧好坏地“学习”一遍，并根据对局的形势和胜负结果来判断每一手棋的优劣，最后在自己的对局中多了几十万种选择……这是何等惊人？！

但哈萨比斯也提到了在人工智能研究中人类和软件的分工，这其实也就是软件所无法跨越人类的“红线”，那就是“设定目标”，“AlphaGo 不能自己设定自己的目标，我们只是想设计在一些领域可以帮助人类专家的工具，还是让人类专家去设定目标。怎么去实现目标，也可以让机器来学习。一般说来，我认为这些系统都会竭尽所能去实现我们设定的目标。”

完胜柯洁之后，“阿尔法狗”的“围棋人机大战”目标事实上已接近于完成历史使命了，它收获了足够的影响力和“实验”效果，作为回报，哈萨比斯给予围棋的不只是出场费，而是 50 盘“左右互搏”的棋谱，以供人类棋手学习，同时还宣布将与柯洁等合作，研发“阿尔法狗”软件的围棋教学和训练等。

柯洁挑战赛上海落子：六个少年冠军大战世界冠军

张建东

10 月 7 日上午，2017 年金立手机杯全国少年冠军 · 柯洁挑战赛在新落成的上海棋牌院举行。世界冠军柯洁九段与获爱棋道杯全国青少年围棋公开赛冠军的六名小棋手进行“车轮战”，让青少年棋手一睹世界冠军的风采。柯洁九段赛前表示：“很高兴来到新的上海棋牌院，与少年冠军下棋，很有意义。”

国家体育总局棋牌运动管理中心主任罗超毅、上海市体育局副局长赵光圣、上海市围棋协会会长周星增等出席挑战赛开幕式。本次比赛由中国围棋协会主办，上海市围棋协会、爱棋道（北京）文化传播有限公司协办。

阿尔法狗背后的人工智能技术

刘知青　吴修竹

围棋，涉及逻辑推理、形象思维以及优化选择等多种人类智能，一直被认为是最复杂的智力游戏，是公认的对人工智能领域的重大挑战。围棋极大的状态空间和决策空间，为普通的蛮力计算所难企及，因此国际学术界曾普遍认为：解决围棋问题还需10至20年时间。

围棋职业选手得以取胜的主要原因，是多年培养的棋感直觉以及对当前盘面可能产生的变化进行搜索验证。阿尔法狗的人工智能正是模拟运用了这两种方法：对落子与胜负的棋感直觉以及搜索验证，由此解决了围棋的复杂性问题。

阿尔法狗主要包括4个部分：策略网络，主要用于预测下一步的走棋；快速走子网络，形成自身对弈的棋谱；价值网络，用于估计当前局势；还有蒙特卡罗树搜索，则用于把前3个部分联成一个完整的系统。

棋感直觉（Intuition）是高手对弈的要素之一，反映了职业棋手长期的学习、训练以及对弈所积累的经验。阿尔法狗通过深度神经网络机器学习的方法，使程序获得了围棋棋感直觉，并且对该网络的训练强度远超过任何棋手的个人能力，因此才能实现超人的棋力。

策略网络：落子棋感（Policy network）

策略网络是深度神经网络中的有监督学习，即直接对已有的棋手对弈棋谱进行不断的学习，从而获得棋手的棋感。其学习的对象，是利用围棋知识从当前盘面中提取的多个特征矩阵，此中包括棋盘各点上的棋子颜色、现在各点气的情况、所有合法点的位置等等，而且每个盘面都有一个标示，标记了该盘面下一步棋手是如何落子的。在训练过程中，训练者建立好13层的策略网络模型之后，将特征矩阵作为输入投入到计算中，经过每一层的计算，最终得到程序预测的该盘面下一步走棋的位置，程序便将此位置与该盘面的标示进行比较，根据比较结果对每一层网络的参数进行更新。如此周而复始的多次计算后，最终得到的策略网络，便具有了一般棋手的棋感直觉。

策略网络的网络结构中用的是卷积神经网络的算法，这是一种近年来广泛应用于模

刘知青与胡廷楣在上海图书馆做人工智能和文化讲座

式识别、图像处理等领域的一种高效识别算法，结构简单，训练参数少，适应性强。所以在计算机围棋这种计算数量级庞大的问题上，卷积神经网络有其独特优势。策略网络学习的训练集，是由职业棋手和业余高手的棋谱组成的，这十几万份棋谱也就是上千万数量级的落子方式。在经过这一层网络的训练之后，阿尔法狗也就获取了围棋盘面下的落子棋感。

在这样的模型下，策略网络预测的正确率可以达到 57%。正确率的一小点提升，都会使策略网络的棋力有很大的进步，只不过消耗的计算时间也就越长。

此外，阿尔法狗又训练了一个快速走子网络，其与策略网络具有基本相似的结构，不同的是其输入的从盘面提取的特征矩阵更少，并且将一些复杂的网络结构简化为简单的线性结构，使网络更简单，计算也更快速。该网络的准确率只有 24.2%，但计算时间比策略网络小三个数量级。

策略网络的强化学习（Reinforcement learning of policy network）

为了提高策略网络的正确率，阿尔法狗对其进行了一次强化学习，选择了累积奖赏回报训练网络更新参数的方法：利用现有的策略网络及其随机选择的一起迭代进行对弈，最终根据记录的对弈结果对网络进行更新改进。强化后的策略网络在 80% 的比赛中都可打败原策略网络，与其他计算机围棋软件的对弈成绩，也比原来有明显的提高。

价值网络：胜负棋感（Value network）

阿尔法狗训练通道的最后一个步骤。这个网络的数据集，是通过学习和改进强化后的策略网络自我博弈的三千万盘棋谱，而获取盘面的胜负棋感。其输入与策略网络基本相同，不过又添加了现在要走子的颜色这一特征矩阵；其网络结构也是在策略网络的基础上加入了一个卷积网络层与两个全连接层，在经过 15 层的网络训练之后，将输出对当前该盘面胜负的预测。

蒙特卡罗树搜索：搜索验证（Monte Carlo treesearch）

没有棋感直觉是不行的，但是完全依赖棋感直觉也是不可靠的，想要得到最可信的结果，就要通过严格的数学模型和计算方法对棋感直觉进行验证。阿尔法狗使用了蒙特卡罗树搜索，对落子棋感和胜负棋感进行了计算验证，最终得到最为有效的结果。

蒙特卡罗树是在树搜索的过程中采用蒙特卡罗方法对树的节点进行动态评估，通过评估的结果来指引对搜索树的选择。一般的蒙特卡罗树在节点的选择上采用了 UCT（upper confidence tree）公式进行选择，阿尔法狗则结合了策略网络和价值网络对节点进行评估并选择最优点。

为能高效结合蒙特卡罗树与深度神经网络，阿尔法狗利用了异步多线程搜索在 CPU 上执行模拟建树，在 GPU 上并行计算策略网络和价值网络。在训练了普通版本的阿尔法狗的同时，研究团队还训练了分布式版本的阿尔法狗，在配置上比普通版本强化了很多，并且比一般版本的 ELO 评分高 300 分左右。

快速模拟采样：胜负棋感验证（Fast rollout）

基于数学期望的胜负评估模型。基于蒙特卡罗模拟新型胜负结果的采样，并根据这一采样的结果验证盘面胜负的数学期望。其可靠程度与采样的规模有直接的关系。

最大信心上限搜索：落子棋感验证（Upper confidence bound 1 applied to trees）

在线机器学习的重要方法。可平衡机器学习过程中探索与利用之间的矛盾，搜索最优的落子点，以及次数最多的、信心最大的、胜率最高的落子点，两者结合，才是最可信的结果。

阿尔法狗整个落子过程的搜索结果，是

双方最佳的落子序列，反映了对棋局进程的展望。28步落子序列展望，在一般情况下已经超过职业棋手的搜索深度，但是在一些特殊复杂的情况下仍显不足。

阿尔法狗的核心技术突破（Core technology breakthrough of 阿尔法狗）

阿尔法狗的核心技术，是使用深度神经网络获得棋感直觉，其中增强型深度学习获得胜负棋感直觉尤为关键。阿尔法狗中使用的蒙特卡罗树搜索方法已经是成熟的技术，而将深度神经网络与之结合，乃是一种新颖的方法。

阿尔法狗使用的对弈硬件配置普通，但是整个项目训练的数量大、配置昂贵，所需的时间也非常长。

总结（Summary）

围棋是人工智能的重要目标，也是衡量人工智能进步的标尺。目标促使我们寻找人工智能的途径，而标尺帮助我们衡量人工智能的水平。对围棋的突破，表明我们正处于人工智能爆发的重大转折点，未来几年数据驱动的人工通用智能会井喷式地发展，其核心也将围绕3个方面发展：直觉获取、搜索验证以及优化决策。

所谓直觉，就是不经过思考过程，直接出现想法、感觉、信念或者偏好；所谓直觉获取，就是通过深度神经网络和大数据的训练而获得结果。验证是指为直觉建立真实性、准确性和可靠性的过程。它是核实直觉不存在偏差的一个充分条件。由于廉价并行计算和大数据的支持，直觉可以通过搜索计算来验证，从而确保准确性。而优化决策则可用于人类生活中所面临的方方面面的问题：照片上的肿瘤是否良性的、手机里的股票应否继续持有、驾车遇交通灯是否继续执行等等。优化选择的实现，依赖于直觉获取和搜索验证。

乔布斯曾说过："从机械的角度来说，秃鹰是地球上效率最高的动物，但是骑上自行车后人便能把秃鹰甩在身后。电脑是我们发明出来的非凡工具，它相当于我们大脑的自行车。"而在人工智能极速发展的今天，我们可以毫无疑问地肯定：人工智能是我们大脑的自行车。

原载《自控制理论与应用》学术期刊2016年12月第三十三卷第20期

编者注：作者刘知青，纽约大学博士。北邮计算机围棋研究所所长。主持开发了国内最强大的计算机围棋软件"本手围棋"。去年与胡廷楣（高级记者，上海作协会员，著名围棋文化学者）合作，在上海文化出版社出版了《对面千里》，解读人机大战意义，探讨围棋爱好者最为关注的问题。

讲座吸引了大量读者

王者归来乎

——重返围甲的上海建桥学院队

张建东

导语：这是一支新老结合、充满变数的队伍。这是一支“遇强不弱、遇弱不强”的队伍。按照围甲的赛制，上海建桥队的战绩将很大程度上取决于“铁主将”范蕴若的表现。

上海是中国围棋重镇。从老国手刘棣怀、顾水如到陈祖德、吴淞笙、华以刚、曹大元、钱宇平、常昊、胡耀宇、邱峻，上海一直是围棋人才辈出的城市。20世纪90年代，在全国围棋团体赛上，两支上海围棋队曾经包揽冠亚军。

1999年，在创办围甲联赛的时候，上海一队、二队均有报名参赛的资格。但第一届全国围棋甲级联赛，上海却只报一支队伍参赛。在前15届围甲联赛上，上海队依然是一支传统强队。沪渝争霸一直是围甲的“主旋律”：重庆队9次夺冠、上海队3次称雄。

在前15届围甲联赛上，由常昊、邱峻、胡耀宇、刘世振组成的上海队主力阵容几乎没有变化，成为围甲中十分罕见的“最稳定之队”。但上海队队伍老化、青黄不接的弱点开始显现，从过去是一支争冠的劲旅，渐渐地开始要为保级而“发愁”了。

到了2015年，中国移动上海围棋队令人震惊地降级了！上海队降级，引起了上海棋坛不小的“震动”。在常昊、邱峻之后，其实上海围棋也培养出了不少优秀棋手，像范廷钰、江维杰、芈昱廷等等，由于他们在上海棋才济济的情况下不能进入专业队，而不得不“流动”到了外地围棋俱乐部。但这些优秀“好苗子”到了外地俱乐部，并通过围甲联赛的磨炼很快就成为围甲中各队的主力。这三位棋手还先后夺得了应氏杯、LG杯、梦百合杯的世界冠军，成为职业围棋的顶尖棋手。

世界冠军常昊九段在范廷钰夺得应氏杯冠军时深有感慨：如能早一点让“小范”（范蕴若）在围甲中磨炼，上海队现在也不至于为保级而“发愁”了。实践证明，范蕴若这几年经过围甲、围乙的磨炼后进步神速，今年在农心杯三国擂台大战中击败韩国队主帅朴廷桓，为中国队最后夺冠立了大功。

为重返围甲行列，2016年的全国围乙大战，上海棋院精心组织了四支队伍参赛，志在重返围甲，重振上海围棋。这四支队伍为上海移动、上海建桥、上海度势、上海外国语大学。经过残酷的争斗，上海建桥学院队脱颖而出，以围乙第一名的佳绩晋级围甲。上海围棋经过了一年的努力，终于重返围甲行列。

上海建桥学院董事长、上海市围棋协会会长周星增酷爱围棋，平时工作之余就是上网下棋、看棋。在上海队降级之后，周星增会长心急如焚，亲自为上海建桥队打好围乙重返围甲出谋划策。

周会长认为，围棋是我们上海智慧城市的名片。在上海建桥队晋级围甲之后，上海建桥学院又加大了支持围棋的力度，全力援助上海队参加新赛季全国围甲联赛，并为上海建桥队引进外援、内援提供经费。

为上海建桥队在新赛季围甲联赛上取得好成绩，周星增会长十分希望当今世界围棋第一人柯洁九段加盟上海队。据悉，前期与柯洁九段协商加盟事宜“十分顺利”，只是在最后一刻因聂卫平棋圣组建国旅联合厦门队需要柯洁九段，上海建桥队才“无奈”作罢。

全国围棋甲级联赛于1999年创办，已经进入了第19个年头。今年迎来了三大改革——扩军、摘牌、限赛。扩军：由原来的12队增加至14队；限赛：外援上场比赛数不能超过13场（总轮次的一半）；摘牌：各队必须有一名棋手“挂牌”，供各队“摘牌”流动。这三大改革的宗旨，就是为年轻棋手能够有序流动，并提供更多的上场磨炼机会。

上海建桥队由全新阵容组成，周星增会长和常昊、刘世振两位教练可谓绞尽脑汁。以两位正在上升期的年轻新锐范蕴若五段、李维清四段为班底，外援引进了韩国排位第八的安成浚七段、内援挑中了李喆六段。为适应今年新规，经过再三权衡后将老将胡耀宇八段“挂牌”。幸好，通过“摘牌”胡耀宇八段又回到了上海队中。当常昊九段第三个出场摘牌，顺利地摘得队友胡耀宇八段时是喜笑颜开……

这样，参加新赛季围甲联赛的上海建桥学院队的阵容为常昊九段（兼教练）、胡耀宇八段、安成浚七段、李喆六段、范蕴若五段、李维清四段。这是一支新老结合、充满变数的队伍。这是一支“遇强不弱、遇弱不强”的队伍。按照围甲的赛制，上海建桥队的战绩将很大程度上取决于“铁主将”范蕴若五段的表现。此外，年仅17岁的李维清四段能否在围甲磨炼中快速成长，也是今年上海队的一大看点。

今年上海建桥学院队是一支“升班马”，原先提出的口号是“加油！加油！”但周星增会长认为，上海队离开围甲已经一年多了，这一年油已经加满了，应该要重振昔日棋坛“大哥大”的雄风，上海建桥学院队是围甲中的“大哥大”！上海建桥学院队必胜！

周星增会长的必胜信念，大大提升了上海建桥学院队的斗志。在本赛季前四轮角逐中，上海建桥队以惊人的“四连胜”，跃居14支围甲之首，大有“王者归来”之势。

4月25日，新赛季金立杯全国围甲联赛在浙江长兴拉开战幕。在4月25、27日进行的两轮赛会制比赛中，上海建桥学院队表现上佳，连胜山东、重庆两强，赢得了“开门红”。令人欣喜的是，担当主将的范蕴若五段不负众望，战胜世界冠军周睿羊九段和重庆杨鼎新，为上海队二连胜立下头功。在当今围甲大战中，得主将者得天下，如果上海“小范”今年能够保持良好的状态，上海建桥队不仅保级无忧，而且还能取得好成绩。

围甲从第三轮开始进入主客场赛制。5月3日，上海建桥队作客河南开封，迎战由强力外援李世石九段领衔的河南队。这场两支“升班马”之间的大战，范蕴若五段与李世石九段的主将战引人注目。此役，“小范”执黑序盘和中盘下得积极主动，很快就占有优势。劣势下，“小李”四处挑衅搅局，以求一逞。但后半盘“小范”攻防有序，没给对手任何反扑的机会。最终，“小范”执黑中盘大胜“小李”，在前三轮主将战取得三战全胜的佳绩。在战胜李世石九段后，范蕴若也由五段升至六段。

第三轮，上海建桥队的韩国外援安成浚七段首次亮相，他执黑战胜河南刘星七段，表现出了外援的价值。上海小将李维清四段执白击败陈贤五段。河南名将廖行文六段战胜上海李喆六段，为河南队赢得1分。上海建桥队以3比1战胜河南队，全取3分。围甲三轮战罢，华证江苏、民生北京、上海建桥等三队同积7分，并列榜首。

5月5日第四轮，在千年古刹静安寺，上海建桥学院队迎来第一个主场赛事。开战前，在静安寺举行了隆重的开赛仪式。仪式上，主办者播放了“王者归来”的宣传短片，为上海建桥队鼓劲助威。

第四轮，上海建桥队在主场迎战另一支“升班马”广东青旅同成队。此战，广东队的强力外援、世界冠军朴永训九段欲担任主将出战。事先，上海队曾“设计”让本队外援安成浚出任主将。依照围甲规则，两队外援不能相碰。如主队上海队让安成浚当主将，广东队就不能让朴永训当主将。

但到了赛前，周星增会长认为，现在范蕴若六段势头很好，出于对年轻棋手的培养和连战连胜的状态，最终拍板决定仍然让范蕴若六段出任主将，对阵世界冠军朴永训九段。

上海与广东之战，争夺十分激烈。小将李维清四段在快棋赛中，战胜了王昊洋六段，先声夺人。安冬旭六段力克安成浚七段，将比分扳平。上海主将范蕴若六段不负众望，执黑中盘战胜广东队外援朴永训九段，为沪队锁定胜局。范蕴若六段也成为围甲前四轮中，唯一连胜四场主将战的棋手。老将胡耀宇八段执白战胜戎毅五段，上海队3比1胜出，连续第二场全取3分。

围甲战罢四轮，上海建桥学院队以四连胜积10分的佳绩，第一次跃居14支围甲之首。在围甲四轮之后，在首届新奥杯世界公开赛赛场上又传来好消息，今年加盟上海建桥队的内援李喆在八强战中执黑中盘战胜檀啸八段，晋级四强。

新赛季围甲开赛前，舆论在分析重返围甲的上海建桥学院队时并不看好这支“传统强队”，无不为这支“老牌劲旅”的前途捏着一把汗。刘世振教练也认为这是客观的评价。即便在取得四连胜之后，他也只是淡然地说：感觉保级的压力会小很多。上海建桥队在前四轮的出色表现，确实令人刮目相看。应该说，“小范”（范蕴若六段）的快速成长并在主将战上的连战连胜，是上海建桥队的头号功臣。

上海建桥学院队在新赛季以四连胜的佳绩完美开局，一度令人振奋。然而第五轮至第七轮，上海队一周之内遭遇三连败。毕竟扩军之后的围甲联赛，将要进行漫长的26轮角逐，而且各队的实力十分接近，或许，排位的沉浮，“凯泽斯劳滕神话”的泯灭，也只在一念之间。

路漫漫其修远兮，吾将上下而求索。期待上海建桥队新赛季好运。

体俱围棋六十载

天元宝宝

导读：家里有学棋小孩的家长会说：体俱么，和清一、杰盛、同雅堂、乐在四季一样，是上海知名的围棋培训机构。恭喜您，答错了。距离上海市中心 0 公里的上海市体育俱乐部，不能简单地定义为一家围棋培训机构，而是上海围棋，乃至中国围棋发展史上绕不过的一座丰碑。时值上海体育俱乐部 60 周年华诞，我带着大家共同回顾体俱和围棋这一甲子的故事。

位于南京西路 150 号的上海市体育俱乐部（上海体育大厦），前身是西侨青年会。1953 年，大楼划归上海市体委用于办公至今。20 世纪 50 年代，它一直是体育训练、体育比赛、全民健身和体育界重要活动场所。毛泽东主席曾两次来这里游泳。

上海市体育俱乐部在中国围棋历史上被荧光笔画线标注开始于 1960 年春：第一个日本围棋代表团访华。这次来访在中日两国围棋交流史上具有划时代的意义。日本代表团团长濑越宪作，团员有桥本宇太郎，坂田荣男等，当时在北京赛三场，上海三场，杭州一场，比赛全部由昉让先。上海的赛场就安排在上海市体育俱乐部 2 楼的一个篮球场上。在上海的三场比赛里我国棋手胜了两局，分别是刘棣怀胜濑川良雄七段，王幼宸胜濑越宪作，也是整个比赛仅有的两个胜局。第一次中日围棋比赛以日本队 32 胜 1 和 2 负的成绩告终。

这次不成为对手的较量，客观地反映了

当时中日围棋的差距，陈毅老总的一句“从娃娃抓起”，全国各地围棋培训层层展开。1960—1961 年，林勉老师在体俱办了一期围棋培训班，后来的中国棋院院长华以刚成为体俱第一代学员。从此，体俱围棋星光熠熠：

华以刚：1960—1961 年，进入上海市体育俱乐部参加训练班

常昊：1983—1985 年，在上海市体育俱乐部训练

邱峻：1992 年进入上海市体育俱乐部训练

范蕴若：2000 年进入上海市体育俱乐部

训练

邱百瑞：1984—2000年在上海市体育俱乐部任教

谢裕国：1986—2011年在上海市体育俱乐部任教

葛凡帆：2008年至今在上海市体育俱乐部任教

1963年秋，杉内雅男率领的日本围棋代表团来访，这次阵容相比上一次明显降低了规格，其中还包括两位业余棋手。一共赛了11场53局，我国棋手取得了19胜1和33负的成绩，上海籍棋手陈祖德和吴淞笙较突出，因此被日本围棋界称为中国围棋史上的陈吴时代。当时上海的赛场还是在体育俱乐部的那个篮球场，本次比赛中5战5胜的陈祖德在自传《超越自我》中深情记录了他对体育俱乐部的依恋："每当我一跨进体育俱乐部的这个赛场，看到那熟悉而又亲切的一切，特别是赛场上边那一圈尽管是狭窄的，面积有限的观众席，上面却挤满着热心的爱好者，我总会感到一股热流涌向心头……"

1966年，"文化大革命"开始，围棋被打入四旧，国家集训队被撤销。上海市体育俱乐部里再也听不到那熟悉的，令人怦然心动的落子声。那幢和国际饭店毗邻的高楼显得荒芜和落寞，只有落日的余晖，用寂静的光芒平铺在地面的每一个坎坷上。

1972年中日建交和尼克松访华后，在周恩来总理的批示下，围棋活动又恢复生机。1982年，体育宫运动项目设置调整，邱百瑞教练和学员全体搬到体育俱乐部。1986年，谢裕国老师来到体俱，从事围棋教学。体俱围棋迎来了一段久违的繁荣。邱百瑞老师负责启蒙教育，孩子达到中级水平后输送给谢裕国老师。围棋评论家胡廷楣在《黑白之道》中不吝赞美之词：邱百瑞慧眼识珠，谢裕国精雕细琢，两个人的搭档珠联璧合。上海大多数国手，如王群、曹大元、杨晖、钱宇平、芮乃伟、华学明、常昊等，或多或少都跟随邱、谢学过棋。

80年代，在体俱围棋的学费是全免的，有些还会倒贴：邱百瑞老师争取到5个二线运动员编制和相应的补助。常昊在他的自传体回忆录中说："我学棋两个月后就正式算上海市体育俱乐部学员，每月可以领取10元钱的营养费，还经常发点牛肉干之类的福利。"两位老师对孩子们的付出，更是超出想象的，常昊回忆：家里人忙的时候，甚至是邱指导来幼儿园接送他，谢指导周日让他和刘轶一上门开小灶，这些都是分文不取的。邱峻是计划经济时代的最后一批学员。90年代，受到市场冲击，体俱开始象征性收费，当时定的标准和游泳队统一，每个月学费120元。为此，谢裕国老师曾向相关领导提议：游泳队用水用电，我们围棋什么都不用，怎么可以同价？结果当然不了了之。

进入二十一世纪，邱、谢两位教练相继退休，依然关注着上海围棋。2015年上海围棋降级，饱受棋迷诟病。此时上海培养的新生代棋手大都流落他乡，谢裕国老师游说范蕴若的妈妈：你终究是上海人，不能因降级离开上海。2017年上海建桥队重返围甲，范蕴若如约出现在主将位上，在2017年全国围棋甲级联赛前四轮，神勇四连胜。

2000年，范蕴若妈妈把4岁半的小范送到体俱邱百瑞老师手上，17年后，小范终结了第18届农心杯的第二天，又回到了梦开始

范蕴若

的地方，回馈棋迷，反哺母校。

体俱新任总教头葛凡帆邀请退休后的谢裕国老师和邱百瑞老师，每周来体俱一到两次，下下指导棋，给孩子们讲讲棋。人们都说体俱是世界冠军摇篮，邱、谢两位是百段教练，谢指导不以为然：孩子们成才的每一个阶段，都会遇见不同的老师，而我，充其量只是个高中教师。

葛凡帆辅导小棋手

2008年开始，葛凡帆挑起了体俱围棋的大梁。两位前辈对葛凡帆人格上的影响，意义非凡：新一代教头的身上，涌动的还是那股子敬业奉献的体俱精神。葛老师接任后，先后组建了二线少年队、5段班、教练员训练营、成人训练营、徐汇区合练营等等。

经过两年的专业训练，二线少年队的王喻义、邱禹然、周子弈、周子由、张嵘嵘、龚天一、傅宇灏、赵励铭、钱理弘、郑品盛等囊括了市级小学生乙组的主要名次，个别赛事跨龄跳级甲组包揽冠亚军。因为上超比赛赞助人黄栋的儿子最喜欢企鹅，而且这批小孩子确实像企鹅那么可爱，这支队伍被亲切地称为企鹅队。

成人训练营是体俱首创，从2016年8月至今已经办了三期。目前，成人训练营的学员已经不局限在上海本土，有昆山的学员每次乘火车来听课下棋，还有位扬州的学员坚持每周来体俱学习一次。在体俱的引领下，上海各大围棋机构纷纷意识到成年人中蕴含着广阔的市场，清一、黄浦相继仿效，成人学棋在魔都蔚然成风，从某种意义上改变了围棋教学的走向。

2017年3月，通过葛凡帆的牵线搭桥，围棋手机APP弈客CEO傅奇轩与体育俱乐部梁立刚主任签署了战略合作协议，双方表示将为培养上海围棋后备力量，举办惠及各个水平的成人赛事共同努力。对于体俱那些关爱围棋的领导，葛凡帆满怀感恩的心，他说：梁立刚主任很支持围棋队的建设，陈海峰校长在工作上也给予了许多帮助。可以说没有他们，也没有现在的局面。

在体俱围棋成长史上不得不提的另一位“贵人”：应昌期围棋教育基金会，从98年成立之初就和体俱有合作往来，不仅赞助了体俱围棋队器材，还提供了很多比赛机会，譬如陈毅杯本赛名额、ToTo杯世界少儿围棋锦标赛参赛名额，等等。

经历了六十年的风雨，上海体育俱乐部，这幢十层楼的美式建筑，习惯性地俯视着南京路的车水马龙。从它的身上，你看到了星光的闪烁，听见了时钟的滴答，想起了欢笑与唏嘘。无数的巨匠在你我的泪水中谢幕，更多的少年在你我的期待中登场。它是世上最好看的一幢楼。

左起：谢裕国、邱百瑞、吕国梁、吕文珍

象棋司令胡荣华别传

童孟侯

小爷叔，侬让我混口饭吃

象棋冠军胡荣华小时候住在上海肇周路126弄，路的南面是南市区，路的北面是卢湾区，石库门房子，离现在的“新天地”很近。据说1949年以前，肇周路上竖着高高的铁栅栏，路的北面是法租界，路的南面是中国老地界。

为何我对胡荣华的出生地如此熟悉？因为我也住在这条弄堂里。126弄一家挨着一家，总共只有34家人家。弄内的每一家对其他33家了如指掌，低头不见抬头见，人前不说背后说。不要说一家一户住着几位长辈几个孩子，连他们的七大姑八大姨来访，都能认出个八九不离十。

我和胡荣华读小学的时候都是半天读书半天校外温习，所谓“校外温习”就是校外玩，一到下午，我们一帮小孩就到过街楼踢皮球、打弹子、官兵捉强盗；或者到酱油店的油缸旁去“揩油”。因为我们要刮香烟牌子，这牌子只要浸透了油，就牢牢吸在地皮上，不容易被对手刮翻，倘若这牌被刮翻了，就被对手“俘虏”了。

我们童家住在126弄10号，24号则是胡家。胡家的几个男孩子除了跟我一样喜欢打弹子、刮香烟牌子、踢小皮球，还玩另一样：下象棋。

24号的大门总是敞开着，楼下客堂间总是放着一张大大的八仙桌，桌上总是放着一个象棋盘，兄弟姐妹，还有堂兄弟堂姐妹表兄弟表姐妹，有事没事便在一起下象棋，互相斗个输赢，互相骂对方“臭棋”、“赖急皮”等等。

经过数年演练，24号胡家的孩子们都有了象棋的实战经验，他们甚至把爷爷爸爸叔叔都将军将死了，内中以胡家的大孩子下棋最有套路，他，便是胡荣华。

既然在126弄已无敌手，胡荣华就到外面去“闯荡江湖”，从五爱中学下课后，他背着书包去找马路边的象棋摊。摊主摆着八个或者十个棋盘，谁愿意下棋，谁愿意摆擂台，都可以蹲下玩一玩。两个不认识的过路人对决，输的人付给摊主3分钱，赢的人则没有进账。

胡荣华老是到棋摊去下棋，路人看他小小年纪就老三老四像摆擂台的样子，都不怕他，都想“吃吃”他。但是，都输棋，下一盘输一盘。摊主心里开心得要死，这个小家伙不就是他的“广告”吗？没人来下棋，他就赚不到钱。于是，摊主悄悄跟胡荣华说：你尽管下，下输了也不要你的钱。

其实，胡荣华的口袋里没有一分钱。记得有一天，胡荣华蹲在马路边下了15局象棋，都是对方输，他为摊主赚了四毛五分钱。胡荣华没有回扣，他也不要回扣，有棋下，有棋赢，他就很有幸福感。

有时候，胡荣华会来到摆残局的棋摊旁，这种路边棋摊不是过路客跟过路客下，而是过路客和摊主下，下的是残局。规则如下：由来客先走，摊主后走；要红方还是要黑方，也由来客挑，条件很优惠。如果来客走输了，扔下一毛钱走人。那时候的一毛钱是很值钱的，可以买两个大饼加一根油条还多出一分钱。如果来客走赢了呢，那么他就可以从摊主那里拿走一副新的白木象棋。

胡荣华每次和摊主下残局不是赢就是和，于是，126 弄 24 号里头白木象棋渐渐堆积起来。胡家的孩子们为此神气得不得了，有时候胡荣华要出去到马路边下残局，大家就跟着去，威风凛凛，风起云涌。以至于后来胡荣华再找到摆残局的摊主，摊主一见他就求饶：小爷叔，侬到别的地方去白相好哦？让我混口饭吃！来来，给你一角钱。

有一天，24 号胡家姆妈在弄堂里碰到 10 号的童家姆妈，埋怨道：今天早上真的把我气死了，我把我们老大狠狠打了一顿，他夜里不好好睡觉，在被头筒里画什么棋谱，画得被单上一塌糊涂，洗都洗不掉！

童家姆妈很认真地附和：这小人实在太皮了！

这个童家姆妈是我妈。

胡传魁不就是领头的司令吗

胡荣华在五爱中学读初一的时候，是全校象棋第一名。没过多久他就成了卢湾区象棋比赛第一名。初二的时候，他在上海市少年象棋赛上夺得冠军，于是，戴着红领巾的胡荣华进入上海象棋集训队。

在集训队，胡荣华和前辈们天天下棋，下了整整三个月，他一共输了 100 局棋，而不是赢了 100 局。前辈们跟他开玩笑：你有一百多个鸭蛋，可以开禽蛋公司了，你的营养很丰富啊！

诸位前辈们都是中国象棋界顶天立地的大师：何顺安、徐天利、朱剑秋……胡荣华从此以后明白了一个道理：棋艺是输出来的，不是赢出来的。

胡荣华在老师们的精心辅导下，棋艺飞速长进。1960 年上半年参加五省市象棋赛，胡荣华拿回一个冠军。同年的下半年，他就跟着上海队一起参加全国象棋大赛。

北京。劳动人民文化宫。个人赛的第三轮，胡荣华便遭遇了杨官璘。杨官璘在棋界可是无敌的，棋艺炉火纯青，公认的全国象棋第一高手。杨官璘下一年棋，输不了几局。他在胡荣华的心目中，简直就是一尊菩萨。

胡荣华自问：我想赢杨官璘吗？那是不可能的。我要多做一些准备吗？用不着，准备了也没用。

一老一少在棋盘前坐定，杨官璘稳稳当当，照例走他最熟练的中炮，这是他的镇山之宝。胡荣华则下了一着大冷门：左炮封车——他想，四平八稳赢不了棋，下到残局更是杨官璘的特长。开局就拼，给杨官璘一个出其不意。

结果，谁都没想到，杨官璘被胡荣华打乱了阵脚，输给了红领巾胡荣华。

杨官璘赢棋不是新闻，杨官璘输了棋立刻被跟踪报道。至此，体育记者们还摸不清头脑：胡荣华？上海来的学生？以前怎么没有听说过？怎么赢了杨官璘的棋子？

根据比赛规则，赢一盘棋不能夺冠，各省来的棋手要和多位高手交锋，最后根据积分多少决定名次。

厮杀接近尾声，各位棋手的积分是：杨官璘积分 12 分，何顺安是 12 分，朱剑秋是 13 分，胡荣华也有 12 分。《北京晚报》预测：朱剑秋夺冠的可能性是 45%，何顺安是

22%……至于胡荣华，大概 10%。他赢杨官璘一局，实属偶然。

最后一轮比赛，何顺安下完棋来到过道上，胡荣华问他：何老师，怎么样？

何顺安说：这局我赢了，我好像是冠军了。

胡荣华一算：你赢了这一盘？不对呀，怎么算下来好像我是冠军。

最后，象棋大赛组委会宣布：本届全国象棋大赛，冠军是胡荣华！

天大的新闻。陈毅元帅专程来为象棋冠军颁奖，当他和 1.60 米都不到的红领巾胡荣华握手时，哈哈笑着说：好啊，娃娃赶上来了，英雄出少年嘛！

这一年是 1960 年，胡荣华 15 岁。

从 1960 年到 1966 年，胡荣华连续夺得五届全国象棋冠军，那是他的巅峰时期，可惜，就在他领取第 5 枚全国冠军奖牌的十天以后，造反派和红卫兵冲进了上海棋社……

那时候，胡荣华还很年轻，比他年纪小的棋手觉得叫他“小胡”太没礼貌，叫他“老胡”又不太合适。革命样板戏《沙家浜》不是有个胡传魁吗？他不就是象棋界领头的司令吗？于是，大家不由分说，就把胡荣华叫成“胡司令”！

巧玲是我们胡家下得最差的

我跟胡荣华的妹妹胡巧玲年龄相仿，都赶上了上山下乡，我们是一个农场（前哨农场）一个连队（17 连）的。有一次打开水的时候，巧玲告诉我：我哥哥胡荣华要到 17 连来看看我。

胡荣华不是来视察我们连队“象棋工作”的，纯粹私访，看望自己的妹妹。“文化大革命”开始以后，象棋就成了“四旧”，上海棋社被称为“裴多斐俱乐部”，被造反派和红卫兵彻底砸烂，棋队解散，棋手统统赶走。

胡荣华被赶到游泳池当杂务工，主要工作有三项：第一，管更衣箱的钥匙，第二，清洗游泳池，第三，为来游泳的大人小孩点眼药水。每天他都要为六七百个人点眼药水。一位全国象棋冠军，不为喜欢象棋的小孩子“画龙点睛”，而去不停地给人点眼药水，那是那个年代最大的“奢侈”了。

后来，要正式分配棋手们的工作，其他棋手都被派到工厂当了翻砂工、热处理工，蓬头垢面，大汗淋淋，辛苦异常。胡荣华分配到上海造币厂当了木工，比其他的棋手稍微干净一点，但也是整天锯木头，敲榔头……

眼下，上海造币厂的木工要来看望前哨农场的农工，也没有什么不可以。

以前，我一直是在弄堂里碰到胡荣华，没想到这一次在农村。我问：你是专程来看望巧玲的吗？他说：不是，崇明县邀请我到这里，和革命群众下一趟盲棋车轮战，就顺道过来看看巧玲。

我问：这一次你同时跟几个人下？他说：同时跟十四个象棋爱好者下十四盘盲棋。

我问：是不是他们十四人可以看着棋盘下棋，并且有足够时间思考，而你不能看棋盘，要全凭记忆心算？他解释说：我先跟第一个人下，下完一步棋再跟第二个人下，下到第十四个，再回过头跟第一个人下第二步棋。

我问：你是不是背对着他们坐，看不见棋盘？他解释说：是背对着棋手的。我拿话筒报出我下的棋，比如马八进九，车五进三，但是我不能看棋盘，由工作人员代我下。

我问：最后结果怎么样？他说：最后赢了十二盘，和了一盘，输了一盘。

我问：为什么会输了一盘？他说：体育馆里太闹猛，大部分观众不是象棋爱好者，不是来看象棋，而是来看热闹的。乱哄哄的情况下我听错了工作人员报的一步棋，一步错就步步错……

我说：我们和你下一盘象棋可以吗？胡荣华笑了笑，同意了。

棋盘就摆在我的宿舍里，没有桌子，只有床，于是就摆在靠门的比较亮的一个床铺上。胡荣华坐一边，17 连棋艺最好的五个男生在他对面。胡荣华饶我们一只车，再加一只马。

我们五个人每走一步都反复商量，然后抖抖豁豁下出一个棋子。胡荣华似乎想都不想，等我们下完了，立刻用食指的指甲推了推某只棋子，走完了，然后摇着蒲扇喝茶。他抬着头根本不看棋局，苦苦等着我们动子。可是下到后来，我们的棋子没法动了，动一动就陷入他的布置好的陷阱，四面楚歌，步履维艰。还没有决出输赢，我们五个人就举手投降。

我们和全国象棋冠军胡司令交过手了——这对我们是个安慰。

胡巧玲来喊她哥哥吃饭。我立刻想：我和胡荣华的差距也太大了，他是全国冠军，如何跟顶级的人比试？我立刻对胡巧玲说：等一会儿吃饭，进来进来，我跟你下一局，我倒不相信了……

结果，我对付不了胡家妹妹，第一局就败下阵来。继续下，继续输，连一局和棋都没有。胡荣华笑了：巧玲是我们胡家兄弟姐妹中象棋下得最差的一个。

胡荣华下盲棋（谢伟民摄）

胡荣华从崇明岛回到造币厂，不久，新加坡访华象棋队要到上海，说要会会上海象棋队的高手。造反派想起了象棋队，想起了胡荣华，急急忙忙把他从造币厂调上来，慌慌张张组建上海象棋队。集训，备战，做好一切准备……结果，新加坡象棋队因故没有访华。可是，他们做了一件功德无量的事——“复活”了上海象棋队。

我不喜欢所谓的急流勇退

在中国，胡荣华是唯一一个全国象棋十连霸的冠军棋手，也是唯一一个夺得过 14 次全国冠军的棋手，也是唯一一个称雄棋坛 40 年的人，整整 40 年啊！

胡荣华说：我不喜欢所谓的急流勇退，我第 14 次夺冠时，有人曾经劝我退出棋坛，这样可以为自己的象棋生涯画上一个完美的句号。但我不愿意图这个虚名，这等于自己骗自己。

有象棋名家说：胡荣华是中国棋坛的一代宗师，我们应该总结胡派象棋。他发掘和创新了飞象局、反宫马、过宫炮等布局，在象棋理论的发展史上有不可替代的地位。

胡荣华很少在桌子上摆开棋谱钻研象棋，他总是在脑子里想棋，所以，别人不知道他究竟如何研究象棋每一步每一局。

胡荣华很少正襟危坐，空闲时，常常找朋友亲戚一起下围棋、下军棋、打大怪路子。

胡荣华脸上的笑容几十年没变，无人能猜透他的笑容后面蕴藏着什么。但是大家都知道，胡司令宝刀不老，如今下棋依然棋路多变，大气磅礴，老谋深算……

神游在八荒六合中

——中国棋王胡荣华侧记

丁旭光

1938年6月，川端康成在《名人》一书中这样描写当年还只是六段棋手的吴清源："现在的他又增添了高贵的、年轻僧侣的品格。看他的耳朵和脑袋，分明就是一副贵人相。可以说迄今还没有出现过像他这样如此明显地留给人天才印象的人。"

时隔几十年之后，另一位诺贝尔奖得主杨振宁这样评价吴清源：他就是物理学界的爱因斯坦，比爱因斯坦更爱因斯坦。因为，物理学界第1名和第2名的差距，没有围棋界第1名和第2名的差距那么大。

两位对吴清源的评价都奇高，差异在一个是预判，一个是回顾。

我不是川端康成，也不是杨振宁。作为象棋一代宗师胡荣华铁杆棋迷的我，和他们有一个共同点：都是棋艺爱好者。而且，都知道高处不胜寒独步天下棋坛者的智商、定力和成就。

胡荣华，15岁，最年幼的全国冠军；

胡荣华，55岁，最年长的全国冠军；

十连霸，独霸棋坛二十年；

14次头戴桂冠。

前无古人！

后有来者乎？

1960年全国个人赛第3轮中，杨官璘、胡荣华第一次在全国赛中相遇。角逐结果，年仅15岁，首次参加全国个人赛的弈林新秀，战胜了威震棋坛的三届全国冠军。这是象棋史上一则空前的新闻，因为，历史不可能重复。胡荣华第3轮的胜出，为折桂奠定了重要的基础，从此矗起了一尊中国象棋的里程碑，就此开始了胡荣华时代。这局棋，全面展示了胡荣华在战略上敢于搏斗，善于争胜的精神面貌，充分体现了胡荣华勇于创新的棋艺风格。杨官璘虽然在开局时失慎，但他在中残局逆境中展示的深厚功力，亦让我肃然起敬！

胡荣华令人叹为观止的成就，除了源于他的天才，源于极高的悟性外，更离不开他超人的勤奋：是他，首创了"中炮横车七路马"的布局；是他，发现了应付"中炮巡河炮"的最佳应着；又是他，创新了被古谱和

1991 年在上海棋社，丁旭光向胡大师讨教

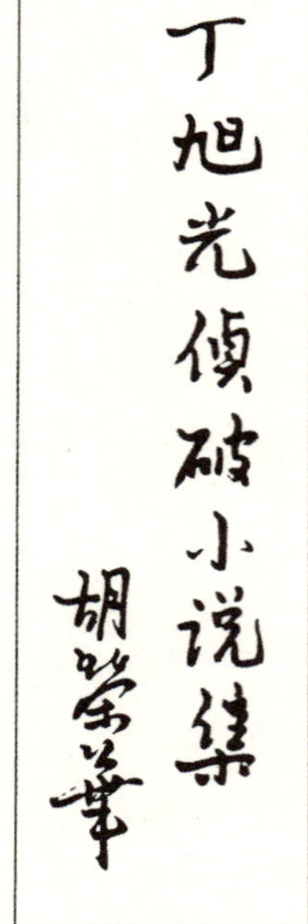

胡荣华题签

今人否定的“飞相局”、“反宫马”、“鸳鸯炮”和“过宫炮”等布局。胡荣华行棋中出乎意料的妙手，堪称经典。观胡荣华行棋，虽一局已终，但三代仍有回响。

艺术，贵在创新。由于胡荣华的独创，使东方古老艺术的象棋获得新生。

胡荣华的大名，在棋界与棋迷中是以顶礼膜拜的方式传播的。胡荣华行棋中的霸气，往往令对手噤若寒蝉。胡荣华以十连冠的彪炳战绩独霸棋坛二十年，胡司令的称谓便成了他的雅号别称。

1989 年，应四川交通大学出版社之约，我写了一本不算厚的侦破小说集。因为书中的内容和棋有关，胡司令当然就成了我心目中书名题写者的最佳人选。

走进上海棋社胡司令的办公室时，胡司令正在专心摆谱。敲门而入后，他对我微微一笑，点点头表示欢迎。

看到胡司令并没有因研棋而拒我于门外，我便直奔主题——求字。

沉思片刻后，胡司令婉转地说：“我的字不行，一定要写，过两天给你。”

几天后，我又去了上海棋社。胡司令拿出一横一竖的“丁旭光侦破小说集”题签说：“你看，这样行吗？不行的话，我再重写。”

看得出，那两行字是精心写就。

我的心中充满了感激之情！

无法预料的事发生了。因为种种原因，那本小说集易名出版，也就是说，胡司令的题签没有用上。

后来，我在棋社与其他场合与胡司令又不期而遇了几次。尴尬的我不知道如何解释。胡司令一定感受到了我的难堪，见我的王顾左右，他便言它。我知道，记忆超群的胡司令能同时下十几盘高质量的盲棋，他不提“题签”，不等于他的偶尔健忘！

胡司令说自已的字不行只是一种谦虚。其实，胡司令的字，准确地说他的书法自有一种独特的韵味。当时上海棋社的围棋沙龙里，悬挂三幅扇面，一幅系陈祖德所书，一幅系聂卫平的墨迹，另一幅便是胡司令意味隽永的手书“通天”两字。我从那幅朴实无华的书法小品里，看到有一条美的弧线自王维的水田中逸出，让我心弦屏息，随后，发一声裂帛而诗。

一个智者往往具有自觉的反省精神。

在 1991 年的上海市机关运动会象棋个人赛上，我在决赛中以七胜二和的成绩获得冠军。然后，我又以冠军的身份在 7 月 20

号晚去打擂台。那天，我正发烧，但难以推辞。因此，上阵不到两小时便输给了上海市队的女棋手欧阳琦琳。胜败乃兵家常事，但输得有点稀里糊涂。赛后，上海市冠军朱祖勤和我复盘。这时，胡司令站在一旁说："红棋走相三进五可保持先手。"说完后，他又走开去看正在比赛中的林宏敏和葛维蒲的对局。十分钟后，他又走过来说："刚才说的相三进五是假棋。"而我当时正"误入歧途"，觉得"相三进五"这一变着顶顶好。一般的上档次的棋手在复盘时，轻易不说走哪一着好，如果说了之后，也不会轻易否定。像胡司令这样一个智者，之所以能执牛耳，具有自我批判的精神也是其成功的因素之一吧？

一次，我去采访胡司令，请了报社的同仁、一位摄影记者为胡司令拍照。拍照时，胡司令要和我摆棋。坐定后，还没等我缓过神来，他已摆了一步炮二平五。我说："胡司令，这不行，还是我先行。"他笑了一笑："好吧！"那虚怀若谷之态，令我对他更加崇拜。

一个智者的行为方式往往与人相背。当年，一年一度的上海市象棋擂台赛，是上海棋手与棋迷们的节日。那年擂台赛上，对阵的"御林军"和"绿林汉"们几乎个个都是衣着不凡。而我们大智若愚的胡司令并没有在穿着上下功夫，还是我行我素地穿着他那背时的西装短裤和衬衫。不过这丝毫没有影响棋迷们对他的崇拜。想一想吧，在中国，棋迷有一亿之众，作为一个一亿之众的执牛耳者，人们怎么会不崇拜呢？

除了象棋，胡司令的国际象棋和围棋的水平也是相当高。那一年，日本围棋队访问中国，从北京至四川一路横扫到上海，与中国队以及四川队几度交锋均高奏凯歌。到上海后，日本队同准备拼个鱼死网破的上海队作中国之行的最后一仗。当时，胡司令作为一名围棋客串选手，在上海队与对方打成三比三的平手后，胜了日本队的一位五段选手，拿下了关键的一盘棋。如是，遂使日本队中国大陆之行满堂红的美梦化为云烟。

那一年，久负盛名的国际象棋"林氏家族"中的林鹤拿了上海市冠军后，有很多棋人和棋迷希望胡司令和林鹤约枰一比高低。这场对外正式卖票的表演赛，吸引了象棋和国际象棋的众多棋迷。胡司令在表演赛的中局时突发妙手，弃子后最终入局。当年观战的棋迷们回首往事，还是津津乐道。

胡司令对象棋、国际象棋和围棋的艺术进行了贯通，最后是三棋归于一——有如登高望远，水天一色。

除了盛赞胡司令是一个三棋全才外，人们对胡司令的办事公正也交口称道。1990年，上海象棋队的成绩在全国团体赛中不甚理想，名列第5。按照有关规定，当年全国象棋个人赛只能是三人出战。三位出战人选中，胡司令和林宏敏是当然人选，难的是另一位人选也就是二选一的归属：一位是邬正伟，一位是胡司令的入室弟子万春林，两位都是国家大师。万春林当年坐镇全国团体赛上海队的第三台，邬正伟坐镇第四名。按照上海队的以往惯例，前三台出战个人赛。胡司令想："邬正伟以往一直打三号台，今年坐四号台得分率也很高。应该说，邬、万之间的棋艺是难分伯仲。让他们打一场吧，权作热身赛，谁胜谁参战。"

这样，便有了邬正伟和万春林之间的八场对抗赛。前六场，出现了戏剧性的一幕：都是先行者胜。第七场，执先的邬正伟没有拿下万春林，两人握手言和。此时，命运的天平已偏向了万春林。第八场，万春林执先一举擒邬。

事后，邬正伟说胡司令很公正，是我自己没有把握住机会。

上海棋社成立前夕，市体委有关领导事先进行民意测试，以决定社长人选。发下去一百张表格，结果社长人选名单竟是百人同一——胡荣华。在正式决定棋社社长的无记名表决会上，百人投票的结果又一次出现。象棋、国际象棋、围棋界等有关人士一致选举胡司令担任棋社社长这一要职，是缘于对胡司令的敬佩和信任。

像胡司令这样一位一代宗师级高手，担任社长这一行政任务，未必是好事。

胡司令无法推脱，他走马上任，担当起上海三棋总司令的重担。其时，尽管胡司令的棋力仍处在鼎盛期，但已不是十连霸时的所向无敌，也遇到了几位强劲的对手。而这一态势，也正是他所期待的。

清朝的御花园里驯养了一些野鹿，由于没有遇到原本的食物危机和狼的追逐，野鹿家化后诸多优良功能逐渐退化，导致抵抗力下降，素质日渐低下。

没有对手，几乎每战全胜，对一个高手来说是一件痛苦至极之事。终于，胡司令终于盼到了强劲的对手，他内心为之欢呼。他将胜负置之度外，期待那枰上激烈搏斗后的快感。他磨拳擦掌，跃跃欲试。

但是，他必须去当社长了。胡司令是一个具有敬业精神的社长，他很投入。尽管，他不能心无旁骛地去研究他的象棋，但他的成绩还是斐然，在担任了公务繁忙的社长之后，又豪取了三次全国冠军。

今年春天的某一个下午，应中国象棋协会副会长王连云先生之邀，我有幸和胡司令、上海棋院院长单霞丽大师一起喝茶。看到年已七十有二的胡司令目光深邃，超人的记忆力依然，作为胡司令铁杆棋迷的我，倍感欣慰。

当今棋坛，新秀辈出！但是，像胡荣华这样一位独霸棋坛几十年的一代宗师，在中国历史上，当属空谷绝响。

冲击强者

黑龙江　赵国荣（红先负）上海　孙勇征

1999年11月17日弈于镇江

五七炮双直车对屏风马进7卒右炮封车

孙勇征

1999年全国个人赛最后一轮，我遇上特级大师赵国荣。前10轮，我四胜四和两负积6分。赵老师的积分和我相同，并列第六位。本局之胜者才能进入前六名。对于从未进过名次的年轻人——我，前六名的奖状，是有诱惑力的；但后走对一位顶尖高手，我心中当然明白这其中的难度，急也没用，只能耐心等待机会。

1. 炮二平五　马8进7
2. 马二进三　车9平8
3. 车一平二　马2进3
4. 马八进九　卒7进1
5. 炮八平七　车1平2
6. 车九平八　炮2进4
7. 车二进四　炮8平9
8. 车二平四　车8进1
9. 兵九进一　车8平2
10. 兵三进一　卒7进1
11. 车四平三　马7进8

以上都是谱着，双方下得都很快。黑方此步跳外马，是于幼华特级大师在本次比赛中最先走出，现在已成为一路流行变化。还有一路走马7进6，红车八进一。我觉得跳外马也不错，就拿来一用。

12. 车三进五　…………

面对“可以白吃象”的诱惑，赵老师实战也考虑了将近半小时，反复衡量局势，最后还是冒险吃象，将棋路导向复杂。在本次比赛，徐天红特级大师对于幼华特级大师，当时两位走仕四进五，黑象3进5，兵一进一，车2进3，局势平稳，黑满意。

12. …………　炮9平7
13. 相三进一　前车平8
14. 车八进一（图1）…………

黑方　孙勇征

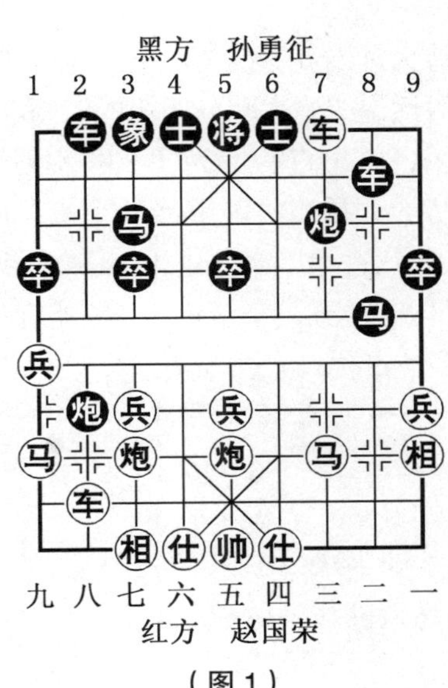

红方　赵国荣

（图1）

如图1形势，红方弃车是不成熟的变例。应该走兵七进一，象3进5，车三平一，车8进2，车一退二，车8平7，车一平二，互缠局面。

14. ………… 炮2平5

面对红方弃车的挑衅，黑不能再示弱，只得接受。一场悬崖搏斗就此拉开。

15. 马三进五　车2进8

16. 马五进六　马3退5

17. 仕六进五　…………

红如走马九进八，黑则马8进7，马六进八，车2平4，黑优。

17. ………… 车2退6

退车使炮生根，以后马8进7赶红炮，确保多子优势。

18. 炮五进一　马8进7

19. 相一进三　卒5进1

20. 炮七平四　车8进2

21. 车三平一　炮7进2

22. 马九进八　炮7平9

黑方亦可走炮7平4，马八进六，车8平4，炮四进三，卒5进1，黑优。我当时实战想抢一步，再捞点便宜，于是就平炮打车，希望红车一平三，再炮9平4，马八进六，车8平4。

23. 车一平二　…………

赵特大浑身是胆，第二次弃车，吓了我一跳。俗话说"胆大吓死胆小的"，我当时一下子懵了，心里直后悔为什么刚才不简单地取得优势。如果当时能够冷静下来，应该车8退3，马八进七，卒5进1，马六进四，车8平7，马七退五，车7进2，黑能守住红的攻势，多子占优。

23. ………… 车8平4

24. 车二退四　卒5进1

25. 炮五平六　车4平5

26. 炮四平八　车2平6

27. 马六进八　马5进4

28. 兵一进一　卒5平6

29. 兵一进一　卒6平7

30. 车二平六（图2）…………

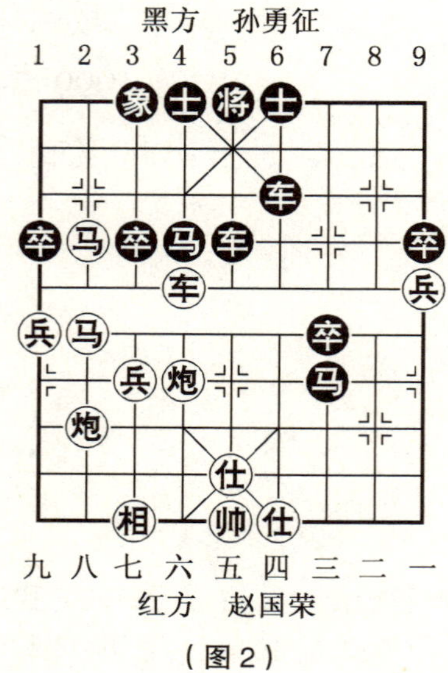

（图2）

下棋，从某种意义来说是比谁少出错，谁能抓住对手的最后一个漏洞。全国大赛很多对局，整盘优势，由于一个纰漏，功亏一篑，导致翻盘。

此局，赵特大在前面的中局阶段，花费大量时间计算，致使现在只剩4分钟。在时间的催促下，无暇细算，未觉察黑方在红九宫集聚的杀气，走了一步惊天大漏，殊为可惜。应该帅五平六，未雨绸缪，先使后防稳固。

30. ………… 车6进7

如图2形势，黑方弃车杀仕，是步入局佳着。

31. 帅五平四　马7进8

32. 帅四平五　马8退6

33. 帅五平六　车5进5

本局过程跌宕起伏，我最后侥幸获胜，从而获得第五名，第一次跻身全国前六名。这是一个台阶，对我以后的成长具有很大的激励作用。

圆梦登顶

北京 蒋川 （红先负） 上海 谢靖

2013年11月15日弈于福建石狮

对兵局

谢 靖

2013年石狮·爱乐杯全国象棋个人赛第10轮，我积14分先手对阵积12分的孟辰大师，患得患失的心理让我不敢拼搏，过于保守先手迅速弈和，而第二台两位积13分的棋手郑惟桐和赵金成的厮杀也以平局告终。末轮我领先1分对阵蒋川特大，如果取胜则将捧起冠军金杯；如战和，则需要和其他棋手比较对手分来决定冠军归属；而落败，则蒋川特大也有可能染指冠军。我辗转反侧，一夜未眠，到凌晨五点多才稍微睡着一会儿，紧张的心情无法平复。早上八点半，战斗终于打响。

1. 兵七进一　卒7进1

蒋特大采用复杂多变的仙人指路开局，全力争胜，我因和棋也有可能染指桂冠，则没有选择比较激烈的卒底炮，而采用对卒来应对。

2. 炮八平五　…………

还架左中炮，又导入中炮类型的开局，如走马八进七，马8进7，则将进入漫长的散手棋的争斗。

2. …………　马8进7

3. 马八进七　象3进5

虽然转换为中炮开局，但次序还是有所区别，黑方如走马2进3，车九平八，车1平2，马二进一，则形成中炮进三兵对屏风马进3卒的流行布局。此时我多出了一个飞象的应法，准备进拐角马，出奇兵。

4. 车九平八　马2进4

5. 马二进三　马7进6

进河口马，乱战的格局已定，此时如车1平3，红方车一进一，卒3进1，车一平六，车9进1，兵七进一，车3进4，车六进一，红方主动。

6. 车一进一　马6进7

进马踩兵，牵制住红方中炮，保留随时简化的机会，如炮8平7，红方车一平六，车9进1，兵五进一强攻，黑方不利。

7. 车一平四　…………

平车四路，出乎我的意料，从实战结果看并不理想。我原本认为红方会车一平六，车9进1，兵五进一，按原计划急攻，那我就卒7进1，过卒反击，形势也很胶着。

7. …………　炮8平7

8. 车四进七　士4进5

补士正招，不为所动，如马7进5，红方

相七进五，炮7进5，车四平六，炮7平3，炮二平七，交换后黑方双车未动，形势落后。

9. 炮五平六　车9平8

10. 车八进五　…………

虚招，不佳，应炮二进六进行压制，配合四路车进行进攻，双方对攻，胜负难料。

10. …………　车1平2

11. 车四退二　卒3进1

弃3卒，阻挡红方车八平三杀卒，并打开局面，至此黑方布局满意，进入反攻状态。

12. 兵七进一　炮2平3

追求简明，因和棋也有望夺冠，先确保自己立于不败之地，其实走炮2进1打车更为凶狠有力，红方车四退二，则炮2退2，下伏马4进2打车的手段，红方难应付。

13. 车八进四　马4退2

14. 马七退九　象5进3

15. 炮二进四　马2进4

16. 相七进五　象3退5

17. 炮二平五　马4进5

18. 车四平五　车8进8

转换后红方形势有所透松，但局面趋于明朗化，我也能够接受。此时我点车下二路进攻，企图制造混乱，给对手施压。

19. 马九进七（图）　…………

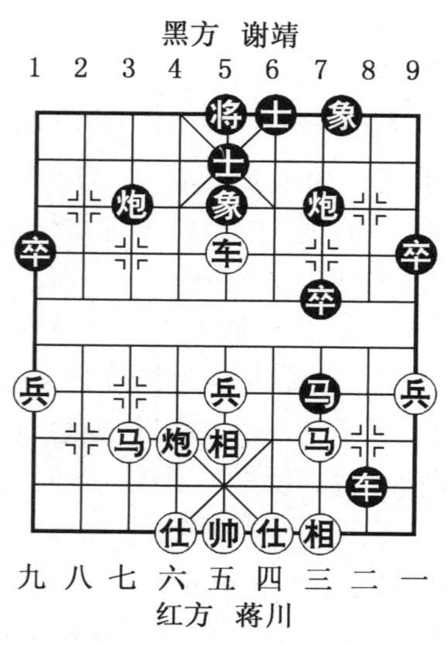

（图）

面对黑方的进攻，红方进马随手形成了如图的局面，忽视了黑方的战术手段，应仕六进五固守，黑方马7进9，则马三进四，马9进7，帅五平六，车8退3，马四进六，车8平4，马六进七，炮7平3，炮六退一，虽然失先，但战线还很漫长。

19. …………　马7进9

20. 车五平三　车8平4

好棋，正是红方所忽视的手段，如马9进7叫将，红方帅五进一，黑方无后续手段。

21. 士四进五　…………

支仕无奈，如相三进一交换，黑方车4退1，马三退五，车4平5，相一退三，车5平4，马七进八，卒1进1，缺相怕炮，残局红方也是岌岌可危。

21. …………　马9进7

22. 帅五平四　炮7平6

平炮架起炮台瞄准红帅，静待右翼车炮辅以助攻，则大局已定。至此黑方优势明显，红方很难防守了。

23. 马七进六　炮3进7

24. 帅四进一　炮6退1

25. 车三进二　炮3退8

一个顿挫，现退炮，伏有士5进6弃炮叫将再士6进5打死红车的巧招，胜利在望了。

26. 马六进七　炮6进6

27. 车三退二　…………

如走炮六进六，黑方炮6退4，车三退三，车4退5，也是黑方多子胜定的局面。

27. …………　炮6平4

28. 车三平六　车4平3

红方认负，黑胜！参加职业赛事十多个年头，我终于圆梦了！成为中国第十七位棋王！

象棋大赛精彩片断

葛维蒲

一、弃车入局

本局选自2017年象棋全国甲级联赛第1轮内蒙古洪智先胜黑龙江金松的实战对局。

如图1局面，红方虽缺仕相，但各兵种占据有利地形，已有入局取胜的良机！

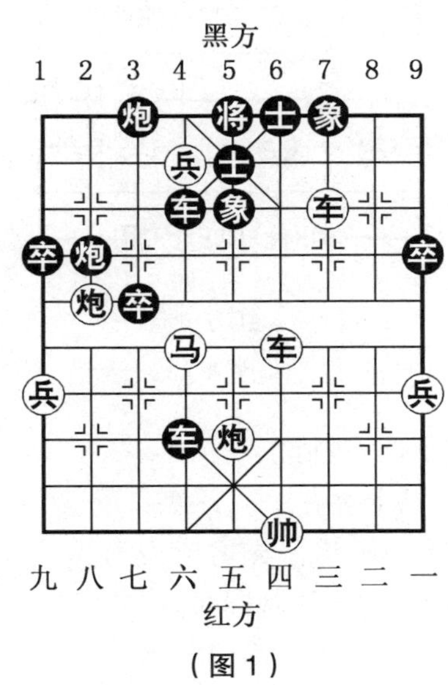

（图1）

着法（黑先胜）：

37. 车四进五　…………

如图1形势，红方弃车吃士，入局佳着！

37. …………　炮3平6
38. 兵六平五　将5平4
39. 兵五进一　将4进1
40. 车三进一

红方胜。

二、运子取势（1）

本局选自2017年全国象棋团体赛第4轮江苏徐超先负四川武俊强的实战对局。

如图2局面，红方缺相，不利于防守。黑方现已有运子取胜，扩大优势的良机！

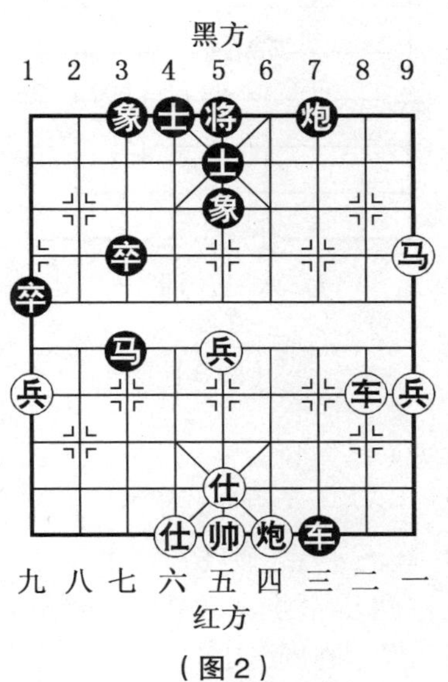

（图2）

着法（黑先胜）：

41. ………… 炮7进6（图2）

黑飞炮过河，车马炮展开联合攻势，是步运子取势的佳着。

42. 车二退一 炮7平2

43. 士五进六 炮2进3

44. 士六进五 马3进2

45. 帅五平六 炮2平6

黑方胜。

三、运子取势（2）

本局选自2017年全国象棋团体赛第5轮内蒙古陈栋先负辽宁李冠男的实战对局。

如图3局面，红方缺相，后防有弱点。实战中，黑方通过运子取势，控制局面，形成胜势！

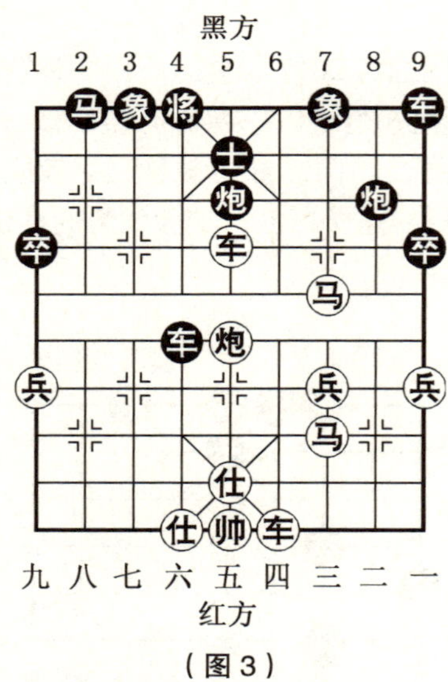

（图3）

着法（黑先胜）：

23. ………… 炮5平3！

24. 车五平七 炮8平5！

黑方两步平炮，攻击点选择得恰到好处，至此黑方胜局已定。

25. 后马进五 …………

红方现在如走车七退六防守，则象7进9捉马，红方丢子。

25. ………… 炮5进4

26. 士五进六 象7进9

红方必丢一子，黑方胜。

四、弃马攻杀

本局选自这是2016年全国象棋女子个人赛第三轮浙江唐思楠先胜广东陈幸琳的实战对局。

如图4局面，红方双方对攻。实战中，红方先发制人，弃马杀象，掌控局面！

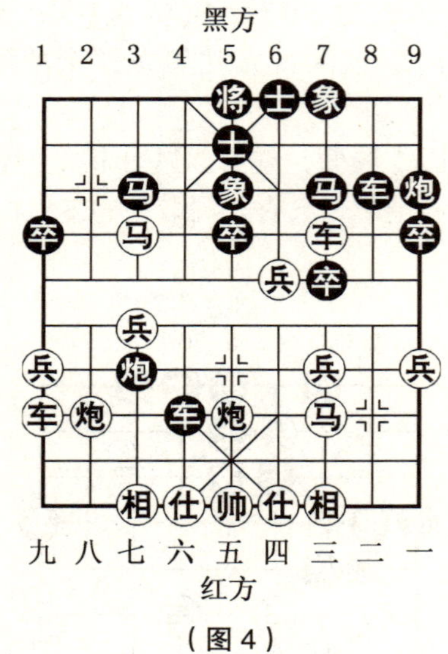

（图4）

着法（红先胜）：

14. 马七进五 …………

如图4形势，红方弃马换象，着法有力！由此，红方控制局面。

14. ………… 象7进5

15. 炮八进五 车4平1

16. 相七进九 将5平4

黑方如走马7退8，则兵七进一，红方主动。

16. 炮八平五 …………

红方如走炮五进五打象，则马7退8，炮五平一，马3进4，炮一进二，马4进6，黑方有反击机会。

17. ………… 马7退8

18. 前炮平一 车8平9

黑方如走马8进9吃马，则车三平一，红方主动。

19. 兵七进一 …………

红方再过河一兵，如虎添翼，黑方处境困难。

19. ………… 车9平7

20. 车三平二 马8进6

21. 车二退二 车7平4

22. 士四进五 车4进4

23. 兵七进一 马3退2

24. 车二平八 马2进4

25. 兵七进一 马4进3

26. 车八进五 将4进1

27. 车八退三 炮3退4

红方兵临城下，黑方迫不得已，只有以马换兵。

28. 车八平七 炮3平4

29. 兵四进一 将4退1

30. 兵四平五 马6进7

31. 车七进三 将4进1

32. 车七退四 卒7进1

弃卒，无意义。黑方顽强的下法是炮4进2挡车。

33. 兵三进一 马7进9

34. 兵五进一 炮4进1

35. 马三进四 车4退1

36. 马四进五 车4平5

37. 兵五平六

红方胜。

全国象棋业余棋王赛上海赛区总决赛落幕

“江阴周庄”2017中国体育彩票全国象棋业余棋王赛“六师附小杯”上海赛区总决赛于10月5日在上海市第六师范附属小学举行。

获得各组别冠军的棋手是：

公开女子组：卢民银

公开男子组：贾应山

老年男子组：李崇鉴

少年女子组：宇诗琪

少年男子组：陶恒

儿童女子组：罗逸颖

儿童男子组：赵子涵

双人组：葛兢　葛文昊

协会行业组：王国敏

获得各组别“棋王”称号的选手，将代表上海参加全国业余棋王赛。

威武的上海国际象棋队

王　频

上海国际象棋队，是上海棋院三大运动队之一，成立于1960年10月。在陈毅市长和各级老一辈领导的关心下，在社会各界的大力支持下，经过一代代国际象棋人的不懈努力，将国际象棋队发展为国际一流的优秀运动队之一，为国家和上海获得了骄人的成绩和荣誉。2008、2009、2012和2016年四次获得全国甲级联赛冠军；男子获得14次全国团体冠军、6次个人冠军，其中全运会团体和个人冠军各2次；女子共获得全国团体冠军和个人冠军各13次。在第三届全国智力运动会中，上海队共获得了3金2银的优异成绩。

上海队的多名队员曾多次代表中国队参加世界大赛。其中，代表中国男队获得世界奥林匹克赛团体冠军，代表中国女队获得4次世界奥林匹克赛团体冠军、2次世界杯团体赛冠军和1次世界个人锦标赛亚军，多次为中国队获得亚洲团体赛冠军立下战功。

戚惊萱　1947年生。国际大师、高级教练。1964年入选上海队。1974至2004年间获全国赛两届冠军、五届亚军。是当时年代中国队主力。1975年战胜菲律宾特级大师托雷，威震一时。1987年至1993年期间在北京执教国家集训队，为中国女队在国际象棋奥赛获得良好战绩、为谢军首次夺得女子世界冠军立下战功。曾任中国国际象棋协会副主席兼技术训练委员会副主任。后任上海队教练至退休。棋风属稳健型。尤精于局面弈法。技术全面，斗志顽强。

张伟达　1949年生。棋联大师、国家大师，高级教练、前国家队副总教练。1959年始在静安区棋训班学棋。20世纪80年代屡获全国赛 前6名。1987年入上海队。多次以棋手和教练身份参加世界赛。90年代中期起任国家集训队（后为国家队）副总教练至退休。为中国女队获奥赛铜、银牌乃至4枚金牌作出了贡献。棋风属防御型。着法工稳细腻。著有《国际象棋中级教材》、《国际象棋实战技巧》等书。

李祖年　1958年生。国际大师、正高级教练。受其父上海名手李绍德影响，6岁开始学棋。两获上海少年冠军，1974年入上海

队。1979年全运会冠军，后多次获全国前6名。多次代表我国参加国际比赛。1977—1992年亚洲团体赛多届冠军中国队成员。曾获国际邀请赛冠军、进入世界冠军分区赛决赛与区际赛。1986年底至1987年曾执教国家集训队。自20世纪90年代后期起，任上海队教练至今。四届全国甲级联赛冠军教练。棋风属进攻型。

林　塔　1963年生。国际大师。自小随兄上海名手林峰学棋。1979年获全国少年冠军，入上海队。三夺上海成年冠军。1977—1993年全国团体赛十届冠军上海队成员。曾获全国邀请赛、拼搏杯赛冠军。多次代表中国参加国际比赛。四届亚洲团体赛冠军上海队主力，并曾获赛会最佳棋手称号。四届奥赛及第1、2届世界团体赛中国队主力。首届亚洲男子快棋赛季军。西班牙公开赛亚军。1990年参加世界冠军区际赛。1986—1990年在国家集训队训练。与兄林峰合著《国际象棋女皇——谢军》与《大师讲棋》，并为多家报刊撰文。2000年创办"林塔棋网"。历任中国国际象棋协会推广发展委员会与甲级联赛宣传委员会的副主任。2008年起任上海国际跳棋队主教练，屡创佳绩。现任上海市国际跳棋协会（筹）副主任兼秘书长，中国国际跳棋协会技术训练委员会副主任。棋风属局面型，注重棋理。

秦侃滢　1974年生。女子国际特级大师。1983年进静安区体育俱乐部棋训班，师从林峰。1984年进上海市青少年体校，由林鹤执教。1986年获上海市和全国少年女子冠军。1988年成为我国棋类史上最年轻的全国成年冠军。同年进入国家集训队并入选上海市队。先后共获5次全国冠军。为中国女队获得三届奥赛季军作出贡献。2000年首届新赛制女子世界个人赛亚军。棋风属稳健的进攻型，能在平淡中见功夫。现定居加拿大。

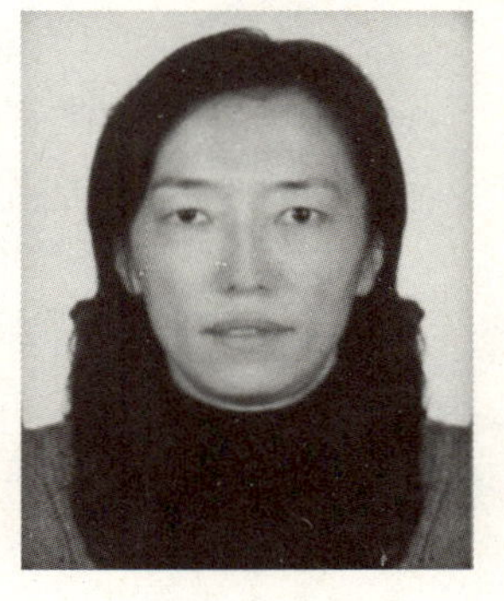

王　频　1974年生。女子国际特级大师，国际健将。1985年入闸北区体校，师从朱贻珽。1984年上海少儿冠军。1986年上海市运会冠军。1989年获全国赛第3名，进入国家集训队。1990年进入上海队。多次代表我国参加世界比赛。1990年蒙古邀请赛冠军。1991年女子世界冠军赛区际赛中获第5名出线。为中国女队先后夺取奥赛女子第3、2、1名立下战功。2001年女子世界冠军赛中国独立区亚军。2002年全国赛冠军。为1990—2001年全国团体赛十届冠军上海女队主力。为上海建桥学院国际象棋队四届全国甲级联赛冠军教练兼队员。现任上海棋院国际象棋队领队兼教练。棋风属进攻型，求胜意识强，擅长复杂化局面。

王　蕾　1975年生。女子国际特级大师。1983年入静安区体育俱乐部学棋，师

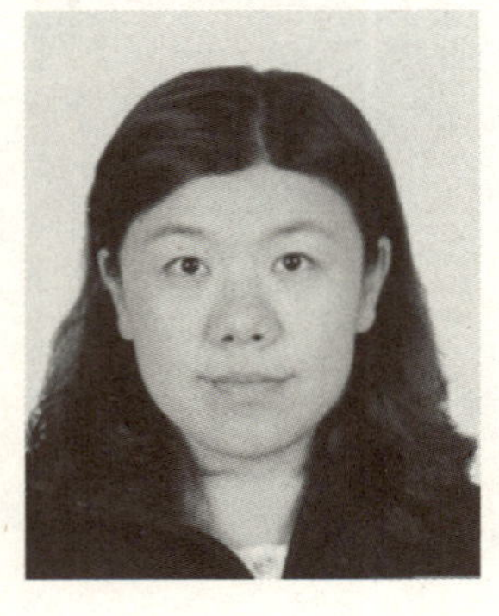

从林峰。1985年进上海市青少年体校，由林鹤执教。1987年获全国少年女子冠军。1988年进入国家集训队。1989年入上海队。曾获全国青年女子赛亚军，四届全国女子冠军。多次代表我国参加世界比赛。曾获罗马尼亚女子国际邀请赛冠军，世界大学生赛冠军。奥赛一届亚军、两届冠军中国女队主力。2003年退役。棋风属稳健型，倾向于简明流畅的局面性弈法，沉静顽强。

倪　华　1983年生。国际特级大师。7岁学棋，师从戴治国、李昂。李成智杯全国少儿分龄组赛14、16岁组冠军。1997年获世界少年快棋冠军赛冠军，为中国男棋手夺得的第一个世界冠军。1997年进入国家队。2001年入上海队。2000年17岁始参加奥赛，为六届中国队成员；为2005年世界杯团体赛和2006年奥赛中国队两次夺取团体亚军发挥了积极作用。2003年中国独立区分区赛并列冠军。为国际象棋男子全国赛迄今唯一的三连冠获得者。多次国际公开赛冠军；中俄、中英对抗赛主力，亚洲个人赛冠军，亚运会团体冠军队成员。首届世界智运会混双冠军、男子团体冠军主力；全国联赛冠军队主力。世界大学生运动会及全国体育大会冠军队成员。第41届奥赛男子冠军队队长，获台次铜牌，为中国男队首次夺冠作出重要贡献。曾任中国国际象棋队队长。棋风偏向进攻型，积极灵活。现上海队运动员兼教练。

周健超

1988年生，国际特级大师，6岁学棋，师从朱贻珽。2002年获李成智杯14岁组冠军，同年进入国少队。2005年进上海队和国家队。同年获得俄航杯A2组冠军、全国个人赛亚军，世界团体锦标赛亚军队成员。2011年“皖北煤电杯”第一届全国国际象棋快棋冠军赛冠军。全国甲级联赛四届冠军队主力。2011和2015年全国智力运动会男子团体冠军主力。棋风比较稳健。

章晓雯　1989年生，女子国际特级大师，国际健将。7岁学棋，启蒙教练朱贻珽，后师从李祖年。2002年入选国少队，2005年入选上海队，同年入选国家队。四届全国甲级联赛、三届全国女子团体赛冠军队成员。2009年亚洲女子个人冠军。2011年和2015年全国智运会女子团体赛冠军队成员；2012年世界大学生团体赛冠军队成员；2011年世界女子团体赛冠军队成员、全国女子甲级个人赛冠军。棋风刚柔并济。

居文君　1991年生。拥有男子国际特级大师称号的女棋手。7岁学棋，启蒙老师为郑永茂、徐耀明，后得戚惊

萱培养。2002年获李成智杯全国少儿分龄赛12岁女子亚军。2004年入上海队并入选国家队，获亚洲个人第3名。2008年始成为国家女队主力。两届世界杯团体赛女子冠军队成员。亚运会团体冠军队成员。获第十届俄航杯公开赛A组最佳女棋手奖；杭州女子特级大师赛冠军；2012年世锦赛进入四强。两届全国个人赛冠军。2008年以来全国联赛上海队冠军主力。世界精英智力运动会国际象棋大使，获快棋、混合棋季军。国际棋联女子大奖赛2015—2016年总冠军。奥赛女子第26届亚军队、第27届冠军队主力。局面型棋手，善夺主动，富想象力。

楼一平 1991年生，国际大师。8岁学棋，师从李祖年。2007年入选上海队，为世界少年奥赛冠军队成员。2009年入选国家队。四届全国甲级联赛冠军队成员，2011、2015年全国智运会男子团体冠军主力。2012年分区赛冠军、亚洲团体季军队成员。2014年全国大学生冠军。

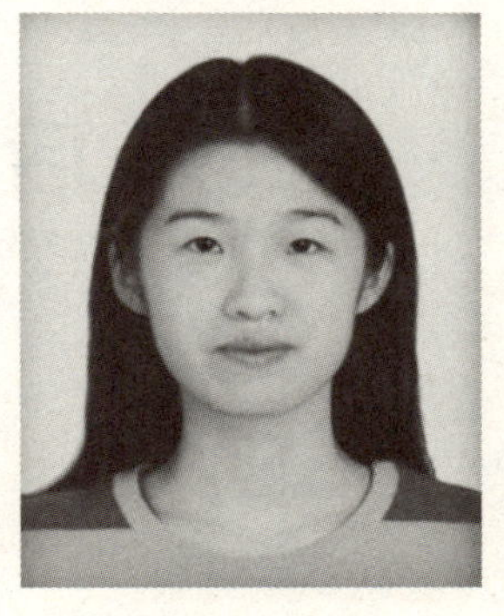

倪诗群 1997年生，女子国际特级大师。6岁学棋，师从余民权余杨父子。2011年进入上海队，2012年进入国家2队。世界大学生锦标赛女子个人冠军。2016年全国女子团体冠军队成员。2017年女子世界个人锦标赛前八名。棋风稳健。

徐译 1998年生。国际大师。2005年初师从朱良潮，获第17届全国协作区锦标赛8岁组和华东协作区第二届冠军赛丙组冠军，以及两届“小世界杯”公开赛年龄组冠军。后由李祖年带教。2008年第四届世界学校团体赛10岁组团体冠军队主力；并获世界青少年锦标赛10岁组亚军。先后获“李成智杯”全国少儿冠军赛12岁组冠军与甲组亚军。亚洲青少年锦标赛亚军与团体冠军队成员；两获匈牙利“星期六”公开赛冠军。2016年获世界青年赛第四名。现为上海队中最年轻的职业棋手。

2008年上海建桥学院国际象棋队获得中国国际象棋甲级联赛冠军

“90 后”居文君　世界棋后上海造?

张晓露

上海棋牌历史悠久，成绩卓著，象棋有一代泰斗、称雄近 50 年的胡荣华；围棋有两代领军人物陈祖德和常昊；唯独实力出众的国际象棋，出了好几位男女团体世界冠军成员，却没有出过一位世界级的成人“棋王”或“棋后”(倪华为上海、为中国男子在世界少年快棋锦标赛中夺得第一枚世界级金牌)。不过明年这一历史就很可能被改写，承担这一重任的是一位“90 后”女孩居文 君。

居文君，1991 年 1 月 31 日生于上海，7 岁学棋。在徐耀民教练处打磨三年后，2002 年在全国李成智杯少儿分龄赛获得 12 岁女子亚军，被一代国手戚惊萱发现，悉心指点。2004 年，得前国家男队队长、上海队主教练李祖年选入市队重点带教，进步神速；同年入选国家女队，受教于叶江川、徐俊和张伟达等冠军教练。

在秦侃滢、王蕾、王频等世界团体冠军主力相继退役后，居文君逐渐扛起了上海女子国象的大旗，成为国家女队主力，战绩出众。2011 年拿到第一个男子特级大师序分；3 年后在沙迦女子大奖赛夺冠，终于晋升男子特级大师；2016 年底作为国际棋联女子大奖赛年度总冠军，获得棋后对抗赛资格，将于 2018 年和女子世锦赛冠军谭中怡争夺下一届世界棋后桂冠。目前等级分排名女子榜第二，仅次于已经宣布退出所有女子比赛的侯逸凡。

2 分钟走上专业路

问: 上海棋院国象队，你应该是列入正式编制的第一个“90 后”棋手吧？以当时独生子女的背景，你家里是如何下决心让你走专业棋手道路的？

答: 我们家很民主，记得当时是我差不多 12 岁左右，刚读初一吧，我妈妈问我：你想进队做职业棋手吗？当时我可能就思考了不到 2 分钟吧，就决定走专业路线了……现在国际象棋也算是伴随着我一生了。

问: 众所周知，学棋、下棋是很艰苦的，在你学棋历史上有没有过低潮?

答: 2012 年世锦赛我进了四强，但加赛输给了乌什尼娜，感觉特别遗憾。然后差不多整整一年整个人都感觉很疲惫，后来调整好了也就 OK 啦……调整的最好方法么，就是下新的比赛——我是一个感情比较外露的人吧，难过了就难过，过后也就结束了。

问: 童年在上海学棋期间，你先后师从两位国手、教练，戚惊萱和李祖年，你能否评价一下他们的不同?

答: 戚老师是个有奇才的人，可能刚接触的人会认为他比较独来独往，很有幸我可能在棋上有点天赋，戚老师对我细心指导，帮我打好了基础。而李老师性格上有“严师”的风格，这可能跟他的经历有关系吧？他其实对我期待值特别高，对我严厉的时候，那多半是我输棋了或者下得很臭，批评两句也是正常的嘛。两位老师都给了我莫大的帮助，我终生感谢他们。

问：国象历史上你最欣赏的棋手是谁?

答：卡斯帕罗夫，因为他很霸气，写了很多国际象棋的书，我从中受益匪浅。

“中文”大战　友谊长存

问：去年你拿到了女子大奖赛总冠军后，就成为外界的关注点，因为这意味着你获得了争夺世界“棋后”对抗赛的资格，比赛要明年才举行，此时你内心会想到“棋后”这个特别头衔吗?

答：肯定会想啊（笑），这是每个棋手的梦想。以前觉得自己可能有一点竞争力，但总体上总觉得还是遥远的。现在当然会去想怎么在挑战赛上战胜对手吧？不过一切得等到明年再看……

问：在已经拿到棋后对抗赛资格后，为什么还是参加了女子世锦赛，而且最终淘汰你的谭中怡获得了冠军，你怎么评价那次赛事的表现?

答：世锦赛这种级别，对每个棋手都充满吸引力，但它是淘汰赛，一轮一轮下人会很疲惫，那一轮我正好生了病，状态不是太好，那盘输棋下得尤其臭，偏偏小谭又发挥很好……我觉得谭中怡的内心特别强大，有一股信念和冲劲值得我学习。

问：据说你和谭中怡关系很好，现在事实上她依靠世锦赛的胜出抢先获得了“棋后”称号，你们的彼此了解也加剧了棋后对抗赛的激烈程度，这会影响你们在棋盘之外的交往和备战吗?

答：应该不会影响，我们是朋友，棋盘外都有很多共同话题。她是重庆妹子，性格直爽大方，实力也是世界一流水平，棋后对抗赛的对手不管是谁都会特别厉害吧？呵呵，反正做好自己就可以了！从我个人角度还是要多思考如何提高自己的水平，在对抗赛中做强者。至于胜负，我觉得是五五开的事，我对对抗赛很有信心，会力争每一盘棋发挥出最好的状态。

问：我们谈女子国际象棋无法回避一个名字：侯逸凡，作为差不多同时代的棋手，你怎么看比你年纪还小、但更早出成绩的她？请老实坦白，你有没有过被她“压制”的感觉?

答：确实，侯逸凡一直都是我们国际象棋界的焦点人物，也可以说是光芒万丈的棋手。她年少成名，技术心理大赛经验各方面都是女子最顶尖，这是事实。我觉得与其说是被“压制”，我更倾向于看看她的优点，比如天赋啊努力啊各方面……其实有时候有个竞争对象在那，让你不会迷失方向。

居文君为上海队获得全国国际象棋甲级联赛冠军立下赫赫战功

中国男子国际象棋的第一座世界级金杯

李　昂

在国际特级大师倪华家的玻璃柜里，各式奖杯奖牌晶莹璀璨，其中一座碧柱金盏型的小金杯，独立其间。每一座奖杯都有一个以汗为墨写就的故事，这座盏型金杯，承载着少年倪华的汗水和欢乐，映现着中国国际象棋的希望曙光。它是中国棋界的骄傲，也是上海人的骄傲。

往事似已遥远，又似历历如在眼前——1990 年，全市儿童棋训班在上海棋院开办，我应邀参加授课。那许多充满好奇的小星星般闪亮的目光中，引我注目的，是一双特别专注的眼睛，和那眼睛上方微蹙的双眉。他，就是 7 岁的倪华。每一级棋课，倪华风雪无阻，眼神从不曾散漫，显示出超越同龄儿童的专注。当我提示、提问时，他常能较快领悟，而转入正确的思路。每次骑着陈旧的“老坦克”远道送他来求学的父亲，就坐在后排家长席中微笑，疲惫地，淡淡地。

一年之后，市训班结束，戴治国教练把倪华召去了他所属的长宁区，为培养这棵好苗倾注了很多心力。

1996 年，我们俱乐部成立（当时名为“上海国际儿童广场弈园俱乐部”），请来戚惊萱、林塔等大师辅导优秀小棋手。各区小棋手精英纷纷前来接受“精加工”。倪华也来了。当年的市训班儿童队员，已经是能跻身全国少儿赛榜首的少年新秀。

然而，当更大的舞台——国际赛场召唤这位小棋星时，远征的高额经费，一时困住了倪氏父子。1997 年，法国迪士尼世界少年快棋冠军赛即将开战，蝉联全国年龄组冠军的倪华有资格参赛，可，当时对普通工薪阶层如天文数字的五位数参赛经费，怎么解决？倪华不忍让父亲超负载操劳背债，倪父不忍看儿子错失跨向世界高地的战机……百般无奈时，弈园的合作者国际儿童广场有限公司批复了我们的申请，慷慨出手，送倪华出征法兰西。小小倪华不负众望，在一片金黄头发的对手中左冲右突，激战9轮拼得7.5分，夺得14岁组冠军，从而为我们，更为中国男棋手捧回了第一座世界级冠军奖杯。

他的双眉终于舒展开来，他的父亲终于开怀欢笑。在国际儿童广场专题举行的庆功会上，真诚的倪华父子，把这座来之不易的奖杯留给了弈园。这座小金杯，在新旧世纪交替之际，就展示在国际儿童广场高高的陈列柜里。

从法国凯旋不久，他被召进了国家集训队。

而今，辗转世界沙场近廿年的倪华，已捧杯无数，直至2014年最炎热的那一月，率队捧回世界团体的最重量级奖杯——奥赛男子冠军杯。我想，在他的心目中，尤为珍贵的金杯，除了奥赛哈密尔顿-罗素杯，可能就是这座金盏杯了吧？因为，它见证了中国男子国际象棋攀向世界高峰的起步时刻，记录了国象奥赛史上首支亚洲男团冠军队队长倪华的成长轨迹。

小倪华载誉归来

第三届全国智力运动会总结表彰大会赵雯副市长与倪华握手
（转自上海体育网）

诗有别才，出类超群

——记 2017 年女子世锦赛跻身八强的中国棋手倪诗群

杨政芳

2017 国象女子世锦赛中，未满 20 岁的中国新秀倪诗群慢棋力克上届世锦赛亚军俄罗斯名将波格妮娜，率先跻身八强，成为本届比赛的一匹黑马！

倪诗群 1997 年生，从小就有一种不畏难的好胜心。在东新幼儿园时，就每天闹着要跟爸爸下棋。于是爸爸决定为她寻找好老师深造，就这样，倪诗群进了上海国际象棋小世界俱乐部求学，进入了资深教练余民权的启蒙班。

小诗群很勤奋，特认真。在老师的引导下，她对基础棋理有了较深的理解，能很好运用于实战。训练仅仅一年多，就夺得了“小世界杯”公开赛 8 岁女子组冠军。余民权教练的悉心辅导，让小诗群得以走上规范的学棋之路，帮助她打下了良好扎实的基础。

之后，小诗群师从于余杨老师：余民权教练之子，著名教练李昂的学生，曾获上海市运动会成人冠军与全国少年赛冠军。这让倪诗群的棋艺又有了质的飞跃。余杨老师感觉她富有棋的天赋，于是对她加强了系统的培训，努力强化她的战略意识以及心算技能，更使她认识到极为重要的一点：威胁有时比吃子更厉害！

科学、踏实的因材施教，使得小诗群棋路大开，功底扎实稳健。她潜心研究开局，善于捕捉战机，学会调整心态，攻击性与计算力极强，这在女棋手中尤为罕见。

经过余氏父子五年的精心调教，倪诗群取得了一系列优异成绩：

“棋童杯”全国小学生赛女子乙组第一名；先后获“李成智杯”全国少儿冠军赛 10 岁组第二名、12 岁组以及 16 岁组第三名；“小世界杯”公开赛协会组和校园组分获第一名。

参加上海市锦标赛，获 2006 年女子甲组冠军，2008 年市运会小学女子第一名，2009 年中学生女子冠军，2010 年女子成人组第一名、市运会大众组中学女子第一名。

进入市北中学后，因战绩突出，倪诗群被选入上海国际象棋队，从此成为职业棋手。

诗有别才，出类超群。有着特殊才华，又经良师的特殊培养，才有了今天的超然卓群，倪诗群——一颗新星正冉冉升起。

倪诗群（前排右一）
及其教练余杨老师（后排右一）

国际象棋怎么玩?

国际象棋怎么玩？如果你会一点中国象棋，那么10分钟以后，你就能在64格的黑白棋盘上玩起“万国象棋”了。

国际象棋长什么样？一队小木头人组成的军队，分黑白双方。白方先行，双方轮流走子，抢地攻子，最先将死对方王的一方得胜。

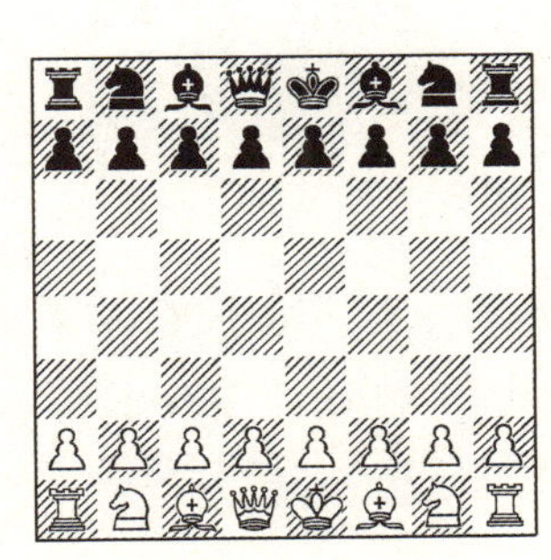

图1

图2

国际象棋共有32个棋子，每方各16个：一王、一后、双车、双象、双马和8个兵。棋盘是由黑白小方格横8排、竖8行共64格组成的正方块（棋盘右下角须是白格）。棋子走在格子中，不踩线。

每方部队16个子，分6个兵种——

王   军队的生命。可朝前后左右各个方向，每次走一格。可以根据作战需要，从自家一直远征到对方底线。注意：王若被俘虏，对局就结束。字母为K。

车 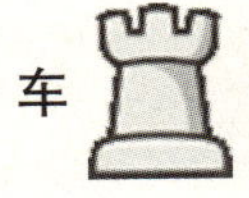  走法与象棋完全相同：能选走左、右、前、后的横、直四条路，每步不限格数。不过在出动时，它大多是从中路、而不是从边线上场。字母为R。

象 每方都各有一个白格象和一个黑格象。象专走斜线，每步不限格数。字母为B。

马  马的走法与象棋也相似：日字型，每一步走两条短线，横二竖一，或竖二横一。不过国际象棋的马力更足，当有其他棋子贴身挡路的时候，它可以“跨栏”跳过绊脚石，不受“蹩脚”之苦。字母为N。

后   现在介绍国际象棋的“特种兵”——王后。后是战斗力最强的棋子，兼有车横冲直撞和象斜线来去的功能，每步不限格数。字母为 Q。

兵  小兵与象棋的共同点，是只能前进不后退。特点是：

1）第一步可选走一格或两格，以后每步只能走一格。字母为 P。

2）吃子和走法不一样，是斜进一格吃子（其他兵种的走法与吃子法是一致的）。

3）兵有“升变”功能，国际象棋的又一大特色：兵冲到对方底线，可以升级变成除了王以外的任何一种棋子（当然大多是升变成后）。

由此可见，国际象棋的子力活动范围很大，变化丰富。一盘对局，双方开局迅速出子抢占交通枢纽中心区，中局调子攻打对方弱子弱格，努力攻杀敌王；如果攻城不下转进残局，就努力护兵冲顶升变（王在此阶段往往会满盘转，护己兵拦敌兵），依靠新生力量再图杀敌。

根据各子的活动能力，其基本价值可定为：

=1 分 　= 　=3 分 　=5 分

=10 分 　—— 无价之宝

高手的对局大多在 40 回合以上，要找“短平快”的简明对局，只有从快棋赛里试试了。小世界俱乐部的青年教练何哲昂，推介了他所喜爱的俄罗斯名将格里斯丘克在 2016 年欧亚快棋赛中与 16 岁小将麦克尼奥的一盘短局。

—— 哦，还须先学一下记录法，那样就能看懂棋书读棋谱了。

以白方为准，棋盘由左到右各行用英语 a~h 分标；由近到远各排用数字 1~8 分标。每一个小方格的“姓名”，即由所在直线的字母加上所在横线的数字（如图 3）。还有些常用符号：

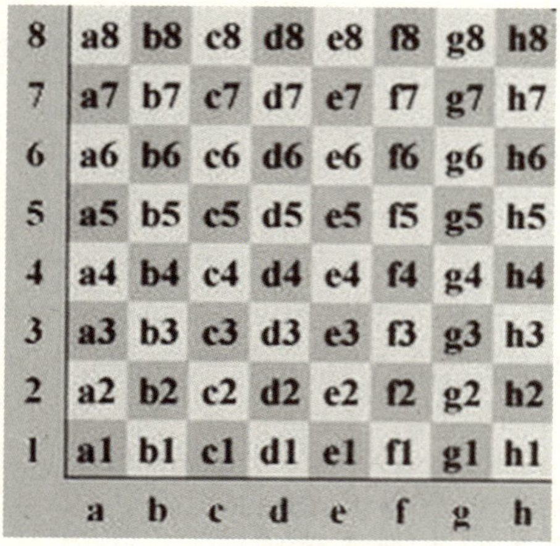

8	a8	b8	c8	d8	e8	f8	g8	h8
7	a7	b7	c7	d7	e7	f7	g7	h7
6	a6	b6	c6	d6	e6	f6	g6	h6
5	a5	b5	c5	d5	e5	f5	g5	h5
4	a4	b4	c4	d4	e4	f4	g4	h4
3	a3	b3	c3	d3	e3	f3	g3	h3
2	a2	b2	c2	d2	e2	f2	g2	h2
1	a1	b1	c1	d1	e1	f1	g1	h1
	a	b	c	d	e	f	g	h

图 3

X　位在中间，表示吃子；位在最后，表示将杀（将杀也可用 # 表示）

+　将军　　！好棋　　？错着

记录对局，就按白方在前黑方在后（作为一个回合）的顺序，一步步记下着法。每一步走法用棋子名称（中英文都可）接上所到的格子，例如马 f3（或 Nf3）。兵不用写名称。

【后 Xc6（或 Qxc6）：后吃了 c6 的子；后 c6X（或 Qc6X）：后走到 c6 将杀了敌王。e4：兵走到 e4；eXd5：兵从 e4 吃到 d5；cXb8 后 X（或 cXb8QX）：兵从 c7 吃了 b8 的子，并升变成后将杀敌王。】

好啦，开始看谱！

格里斯丘克　vs　麦克尼奥

1. e4 e5　2. Nf3 Nc6　3. Bc4 Bc5

这种套路叫意大利开局。国际象棋开局大多是用最早起用的棋手或赛地命名的。

4. 0-0　Nf6

0-0，王车易位，国际象棋的又一特色着法，可以让王迅速躲进比较安全的边角，而

把角落里的车拉上战场。此时可一次走动 2 个棋子，而且王破例跳了 2 格，把 h1 车搬到了王另一边的 f 行，这是短易位。如果王往 a 线方向跳 2 格，把 a1 的车搬到王另一边的 d 行，就是长易位：0-0-0（图 4）。

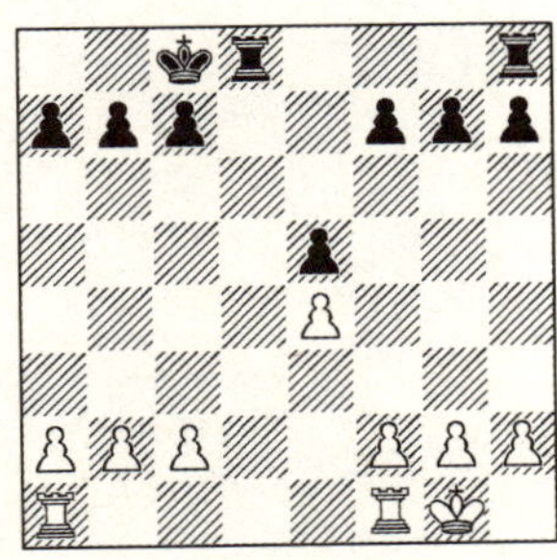

图 4

易位有特定条件，我们以后再介绍。

5. d3　0-0　6. a4　d5　7. exd5　Nxd5　8. Nbd2　Re8

可以看到，双方开局都先挺起中路兵，出动马象争夺中心区。棋子如果占领战场中心，能攻易守。

9. Ne4　Bf8?（图 5）

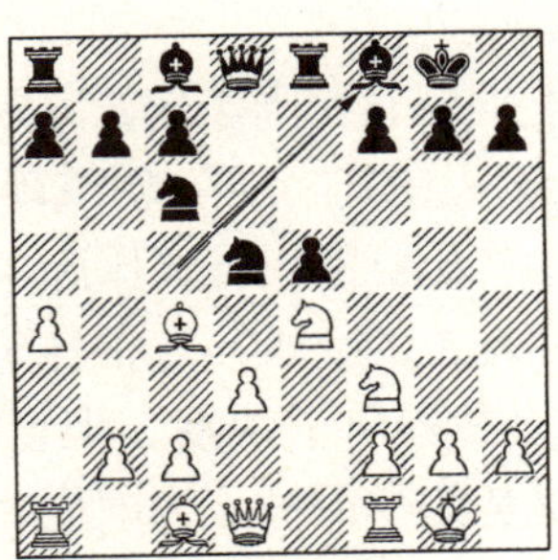

图 5

刚才黑车调到中路，参与控制中心。但这一着此时不合适：c4 白象正遥望着黑王前的 f7 兵，黑车应留守 f 线。现在黑象退到 f8 去防护暂无危险的 g7 兵，也是软着，不如退到 e7，准备对付白方马进 g5 格。

10. c3　h6??（图 6）

走边兵 h6 想防白马入侵 g5，可匆忙中没算到对方的弃子战术打击……

11. Bxh6！Nb6?

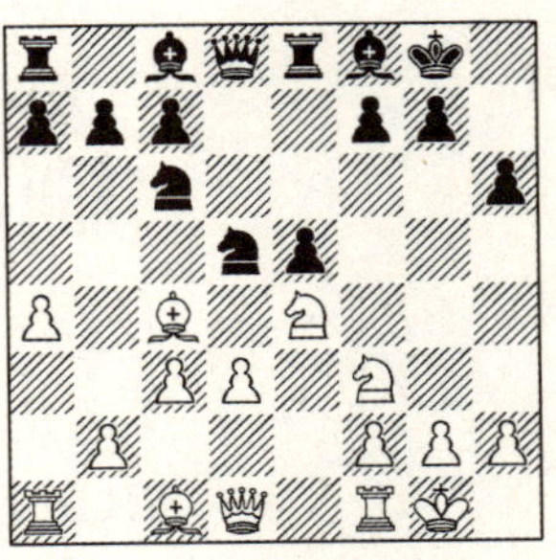

图 6

黑方怕 11. …gxh6　12. Bxd5　Qxd5　13. Nf6+ 抽后，但可选择 11. …Be6　12. Bd2，只丢一兵。而格里斯丘克此时也没选择更凶狠的 12. Bxf7+！再进马与后攻杀，而是接走

12. Bg5　Qd7　13. Bb3　a5?

黑方 f7 格已告急，本该火速调马增援 13….Nd5 啊！现在，白象让位给马，以与王后准备做杀：

14. Be3　Nd5

兵贵神速。黑方此时再上马已晚了一步。

15. Nfg5　Rd8??（图 7）

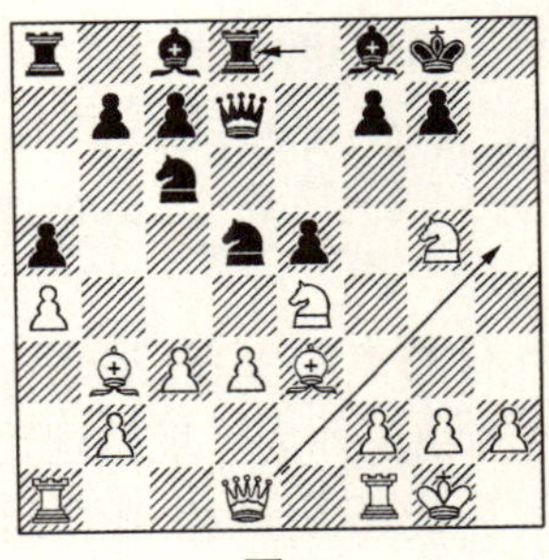

图 7

黑方仓促动车后发现：如果 16. Qh5　Qf5 17. Bxd5　Rxd5，将有 18.Nf6+ gxf6　19. Qxf7 + Kh8　20. Qxf8#，故未等白方续走，小将就认输了。

王前阵地防御虚弱，将会招致恶果。因为是快棋赛，所以职业棋手有时也难免出现这样的低级错误。也所以，我们能欣赏到这例仅仅走了 15 回合的攻王短局。

国际象棋怎么玩，你心里有谱了吧？

刷新纪录的克敌妙局

张伟达

侯逸凡（2649）—卡鲁亚纳（2817）[C67]

GRENKE Chess Classic（1.2），15.04.2017

今春四月，德国卡尔思卢赫市的格林克经典大赛上，明星荟萃，世界超一流棋手，世界冠军、冰岛的卡尔森，前世界冠军、亚美尼亚的阿罗尼安，以及法国的拉格拉夫，美国的卡鲁亚纳，与世界女子第一人、中国的侯逸凡等八名棋手角逐一堂。

比赛首轮，侯逸凡执白对阵卡鲁亚纳，卡氏原籍意大利，棋风犀利，与拉格拉夫等同号称为最有希望的世界冠军竞争者。当然，我们的丁立人、韦奕也位列其中。

1. e4　e5　2. 马 f3　马 c6　3. 象 b5　马 f6

棋风犀利的卡鲁亚纳选择了西班牙开局。这一开局除了称为阵地战理论较量的齐果林体系，还有不少风格迥异的变例，如3.…f5，浪漫主义时期盛行的以王翼弃兵来争夺中心的雅尼什弃兵，以及3.…d5 别尔德变例、3.…象 c5 变例，当然，还有朴实的3.…d6 斯坦尼茨变例。3.…马 f6 也是古老变例，但注入了新的思想。为什么不走3.…a6 逐象？往后看吧：

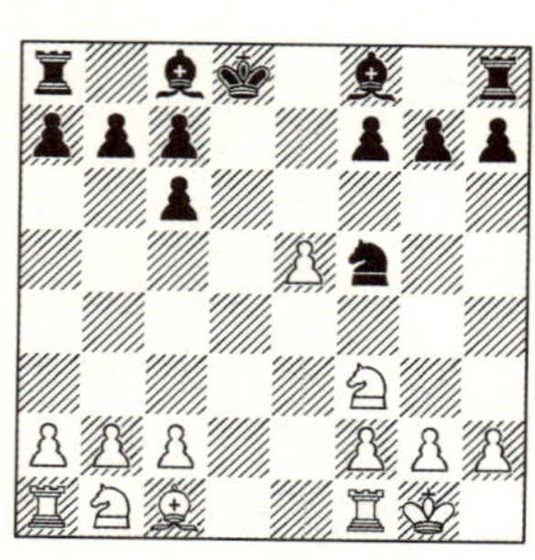

图 1

4.0-0　马 xe4

马踩中兵，希望将对局导向近十年来流行不衰的柏林防御。续变如5.d4，黑王在中线，白方不愁捞不回小兵，只是怎样才更有利而已。5.…马 d6 退马抓象，也是黑方预先不走 a6 逐象的原因。6. 象 xc6　dxc6　7.dxe5 马 f5　8. 后 xd8+　王 xd8（图 1），这是大约百年前出现的局面，当时认为白方出子快，王翼中心多兵，而黑方有叠兵，王又滞留中线不能易位，优势肯定是在白方一边。

但在上世纪五六十年代，苏联棋弈理论家李卜尼茨基在其《国际象棋现代理论问题》一书中指出：随着苏联国际象棋学派的兴起，局面理论的完善，对柏林防御有了新的看法——白方出子快捷，但已兑去了王后，出子优势的作用被大为削弱，而此兵与象同色，控制力不能互补，不能抑制黑方双象，尤其是无法监控白格，所以局面大致均势。而把这着法付诸于高级赛事实战，却是又过了几十年，至今仍在流行。

5. 车 e1

侯逸凡回避了上述兑后着法，想来是对稳健的对称兵型有深入的研究，不惧与欧美高手打阵地战。此外，也可能有心理战因素。

5. …马 d6　6. 马 xe5　象 e7　7. 象 f1！

象退原位蓄势待发。如果留在后翼，反会被黑方将挺起的 d5 兵封锁。

7. … 0-0　8. d4　马 f5　9. 马 f3

白马退回，不让黑方藉兑子舒缓挤压的阵势。

9. … d5　10. c3　象 d6　11. 马 bd2　马 ce7(图 2）

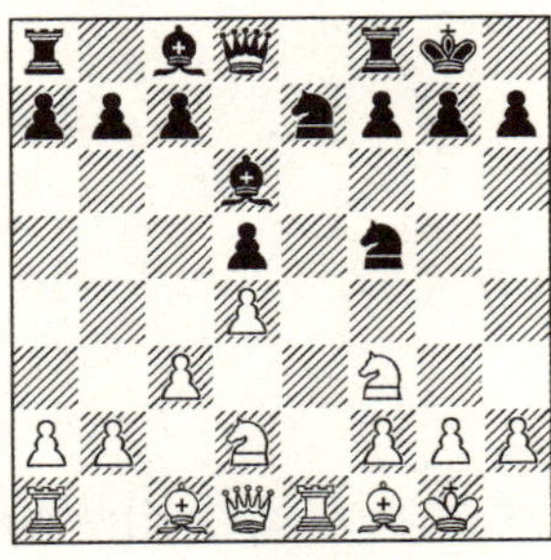

图 2

一般认为 f5 位的黑马可既监视中心，又攻击王翼，是理想的位置，应予加强。但现实情况是白方中心兵屹立，王翼坚实。黑马在此反而显得滞重，可能就是颓势的起源吧。不如选走 11…车 e8 平实稳当。也可考虑马 fe7，把 f5 格留给象。

12. 后 c2　c6　13. 象 d3　g6　14. 马 f1　f6　15. h3　车 f7　16. 象 d2　象 d7　17. 车 e2

白方有条不紊地出动后翼子力，掌控 e 线。棋弈理论主张：没有战术打击，就先加强局面。

17. … c5?!

奇异的计划。黑方在对方阵势坚固、己方王翼虚浮的形势下，不惜造成中心孤兵以求一战，似乎是错误地估计了对方的实力。顽强的着法是 17.…马 g7，或 17.…b6 再 18.…c5。

18. dxc5　象 xc5　19. 象 f4　车 c8　20. 车 ae1　g5　21. 马 g3！

兑马巧着，去轻留强，符合对付中心孤兵的策略，也挫败了黑方将局势复杂化的企图。

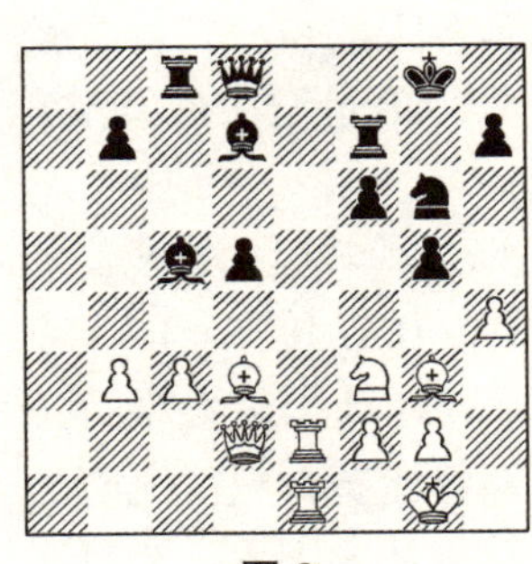

图 3

21. … 马 xg3　22. 象 xg3　a5

黑方不能利用 c 线上的牵制走 22.…d4? 因为 23. 象 c5!

23. 后 d2　a4　24. b4!　axb3　25. axb3　马 g6　26. h4!（图 3）

轮到白方重拳出击！小兵当大任。现在黑方无论兑兵与否都将门洞大开！

26. …gxh4　27. 马 xh4　马 xh4　28. 象 xh4 后 f8　29. 后 f4 象 d6　30. 后 d4 车 d8　31. 车 e3

白方占用了好点要道，顺势发动了决定性的攻击。

31.…象 c8　32.b4　王 g7　33. 象 b5　象 c7

这里黑方不能走 33.…车 e7，因为 34. 象 Xf6+! 后 xf6　35. 车 xe7+ 黑王终将被追杀。

34. 车 e8！

白方若走象 e8 得车，稳占优势。但是有意思的是，我们的小侯，亦如卡鲁亚纳的意大利前辈浪漫主义大师们，追求艺术完美，要直捣王门，妙手擒王。

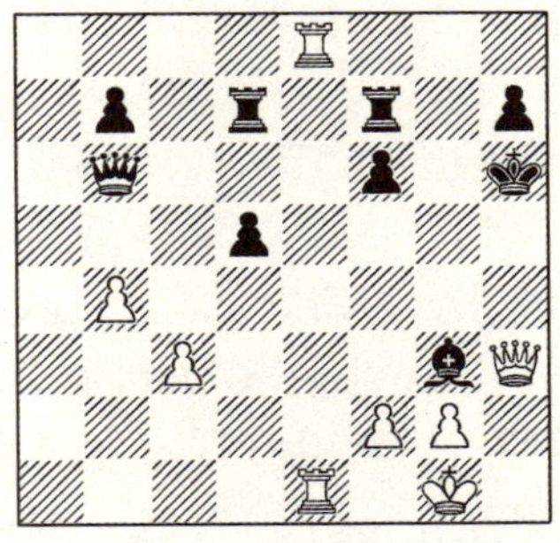

图 4

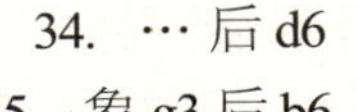

34. … 后 d6　35. 象 g3 后 b6　36. 后 d3 象 d7　37. 象 xd7 车 dxd7　38. 后 f5 象 xg3　39. 后 g4+ 王 h6　40. 后 h3+(图 4）

黑方卡鲁亚纳认输。因为以下无论是 40.…王 g6　41. 后 xg3+ 王 h5　42. 车 1e4 dxe4　43. 车 xe4，还是 40.…象 h4　41. 后 xh4+　王 g7　42. 后 g4+ 王 h6　43. 车 1e3，黑王都面临绝杀。

好精彩的一局棋！与此同时，侯逸凡又刷新了一项世界纪录——成为常规赛事中战胜等级分最高（2817）对手的女棋手（此前 2006 年，小波尔加战胜了当时 2813 分的托帕洛夫；小波还在蒙目赛和快棋赛中战胜过等级分更高的卡尔森和卡斯帕罗夫，但那并非常规的慢棋赛）。

桥牌的前世和今生

王俊人

桥牌是一种集竞技和道德为一体的高级纸牌游戏，目前已在全世界范围内成为人们所喜爱的智力竞赛项目。

相传纸牌最早起源于我国宋太祖时代（国外公认为公元979年），至今已有一千余年的历史。当时，纸牌被称为“叶子戏”。据明代吕兰衍《言鲭》记载：“今之叶子戏，相传宋太祖命后宫习之，以消永夜。”

13世纪70年代初，意大利旅行家马可·波罗来到东方，他几乎走遍了整个中国，甚至在元朝为官，至1295年才返回故土。他把在中国的所见所闻介绍给了西方，亦把中国文化带回到西方，其中包括纸牌游戏。纸牌传到欧洲后，最初在王公贵族中流行，后来逐渐扩大到民间。1492年西班牙航海家哥伦布作环球航行时，又将纸牌传入美洲。当时，欧美各国同古代中国一样，对纸牌的玩法是五花八门，不尽相同。

17世纪中叶，开始在英格兰民间流行一种名叫惠斯特的牌戏，它就是现代桥牌的前身。“惠斯特”在英文中的意思是“请肃静”，其原委大概是打牌时必须保持安静。18世纪中叶，惠斯特开始盛行于英国上流社会，成为达官贵人们消遣的一种娱乐活动。在众多爱好者中，有一位名叫爱德蒙·霍伊尔的律师，他非常醉心于惠斯特牌戏，并且广收门徒，大力推广惠斯特。霍伊尔经过多年悉心研究，于1742年写出《惠斯特牌戏简论》一书。该书出版后，很快被抢售一空，因此不得不连续再版以供读者。霍伊尔在这本书中介绍了如何读牌，探讨了有关牌张分配的概率，还制定了惠斯特牌戏的道德准则。因此，霍伊尔被认为是世界上桥牌作家和桥牌职业教师的鼻祖。

惠斯特牌戏的玩法是：牌共五十二张，分黑桃、红桃、方块、草花四门花色。四人入局，两人一组，相互对抗。发牌者即为庄家，从左手第一人起，按顺时针方向依次每人发一张，暗覆台上，直至发完为止，每人计十三张，发牌权逐次向左轮转。发最后一张牌时，把这张牌翻开亮明并放在桌上，这张牌的花色即成为将牌花色。由发牌者（庄家）左手的牌手首先出牌，以后出牌同现代定约桥牌，只是四手牌都是暗牌，没有明手。一方赢得六墩牌即为得到基本墩数，超过基本墩数的每个赢墩，即给赢方两牌手各记1分，一副牌得分的范围是1到7分。在牌戏结束后，分别累计各人的得分，得分较高者获胜。惠斯特牌戏至20世纪在英国和美国一些地方仍有流行。

进入19世纪，惠斯特牌戏更加普及，牌手的技艺也不断地提高。1857年在英国人克雷·卡文迪什的倡导下，在英国伦敦举行了世界上第一次复式惠斯特比赛，复式比赛的方法排除了牌戏中手气好坏的因素，为日后桥牌作为智力竞赛项目奠定了基础。

19世纪70—90年代，资本主义世界掀起了第二次产业革命的浪潮，使生产技术和科学文化得到迅猛发展，桥牌也在这以后经历了三次巨大的变革，终于形成为现代定约桥牌。

19世纪90年代，桥牌惠斯特崛起，取代了惠斯特牌戏。它保留了惠斯特的许多基本特点，但也有很大的革新和发展。主要差别在于：增加了无将体制，发牌者有权自由选定将牌花色或无将，并可将此权利转移给同伴；确定将牌花色或无将者的同伴把牌摊明在桌上作为“明手”，由定约人（庄家）支配；增加了对选定将牌花色或无将的加倍和再加倍，对于再加倍的次数不作限止；四门花色和无将的墩分各不相同。这样，现代定约桥牌中的叫牌形式在那时已形成雏形。

桥牌的第三阶段称为竞叫桥牌，出现于1903—1904年间，它保留了惠斯特和桥牌惠斯特的基本特点，但有一个重大创新，即引进竞争叫牌（每一牌手均有权指定将牌花色或无将），并限止再加倍为一次，使之更具现代桥牌的特点。1909年英国的巴斯桥牌俱乐部和波特兰桥牌俱乐部制订出第一套竞叫桥牌比赛规则，并加以标准化。很快就取代了桥牌惠斯特，盛行欧美约二十年有余后逐渐发展为现代定约式桥牌。

现代桥牌，即定约桥牌，始于1925年冬。当时有一位名叫哈罗德·范德比尔特的美国桥牌高手，他和牌友们一起对竞叫桥牌的记分及计分方法作了重大改进。主要区别在于：只有叫到并做成的墩分才能用于计算是否得分成局；增加局况因素；对叫到并做成的满贯定约给予高额奖分。以前的计分方法使牌手们偏重于出牌的技巧，包括坐庄和防守技巧，而忽视叫牌技巧。新的方法则使做庄、防守和叫牌三个环节得到了平衡，并迫使牌手们在叫牌方法上不断改进提高，研究设计出如克伯森、维也纳、爱柯、戈伦以及后来的那不勒斯、罗马、精确和弱开叫等各种不同的叫牌法。范德比尔特的革新使桥牌趋向完美的境界，从此，定约桥牌横空出世。20世纪20年代末，定约桥牌开始在伦敦、纽约等地的上层桥牌俱乐部流行。1929年10月，美国桥牌权威伊利·克伯森爱编辑出版的《桥牌世界》杂志创刊号中首次提出制订定约桥牌国际比赛规则。在他的推动下，美国、英国和法国的一些代表共同参加了制订规则的工作，并于1932年11月1日正式施行第一部《定约桥牌国际比赛规则》。此举为日后定约桥牌风行全球和作为国际比赛项目奠定了坚实的基础。

20世纪30年代，美国桥牌天王巨星伊利·克伯森通过他的著作和讲座，使桥牌在世界上大为流行，他倡导制订的定约桥牌国际规则举世公认。随着桥牌活动的发展，国际桥牌比赛亦应运而生。1935年第一届欧美对抗赛举行，美国队大胜代表欧洲参赛的法国队；1937年第二届欧美对抗赛代表欧洲参赛的奥地利队力克美国队；1939年对抗赛因第二次世界大战爆发而中断。

20世纪40年代，另一位美国桥王查尔斯·戈伦则对桥牌的牌力估算方法作了科学的改进并创立了著名的戈伦计点自然叫牌法。戈伦的牌力估算方法易懂易学，精确度高，它是当代各种流派叫牌法的基础。戈伦自然叫牌法至今仍是全世界使用人数最多，最受人喜爱的现代叫牌体制，对全世界桥牌运动的普及发展可谓居功至伟。

第二次世界大战期间，欧洲各国遭到重创，桥牌活动也难逃厄运。战后，百废待兴，慢慢地桥牌活动又重新开展起来。1950年第一届世界百慕大杯桥牌锦标赛在英属百慕大岛举行，1958年世界桥牌联合会在挪威奥斯陆成立，世界桥牌运动翻开了崭新的一页。1960年开始举行奥林匹克桥牌锦标赛（逢双年举行，现分称世界系列桥牌锦标赛和世界桥牌锦标赛），1974年起开始举行世界威尼斯杯女子桥牌锦标赛，1977 年起与百慕大杯并轨（逢单年举行，现称世界团体桥牌锦标赛）。1996 年国际奥林匹克代表大会接纳桥牌为冬季奥林匹克运动会项目，桥牌进入奥运会大家庭。2002 年美国盐湖城冬奥会，桥牌曾列入表演项目。

自定约桥牌问世近百年来，它已成为全世界近一亿人所喜爱的国际性智力竞赛项目。可以相信，桥牌在全世界范围内将为愈来愈多人所喜爱和掌握，它的发展前途无限光明。

20 世纪 20 年代，西风东渐时，桥牌传入中国，成为西人及华人精英阶层饭后茶余的娱乐生活。新中国成立后，中国桥牌运动成长道路艰难曲折，悲欢跌宕，不断接受考验，接受挑战。桥坛前辈，披荆斩棘，筚路蓝缕，创业维艰。十年浩劫，地老天荒，濒临绝境。十一届三中全会，才见春回地暖。1980 年中国桥牌协会成立后，桥牌运动遍地开花，一番蓬勃气象。中国桥牌开始突破藩篱，走向世界。三十余年来，中国桥牌成绩斐然，举世瞩目，令人鼓舞，已跻身世界桥坛强国之林。五千年灿烂的文明传统，证明中华民族是有智慧的民族。

威尼斯杯世界桥牌女子团体锦标赛中国队参赛历史

1983 年中国女队首次参加远东桥牌锦标赛，1986 年就夺得远东冠军，1987 年，中国女队参加了牙买加的威尼斯杯赛。1987 年中国女队的成员是：古玲 / 张亚兰、李曼玲 / 陆琴、孙铭 / 朱小音。

1989 年，中国女队失去了威尼斯杯赛的参赛权，但从 1991 年开始，中国女队就从未缺席过威尼斯杯的比赛，她们连续参加了 12 届威尼斯杯赛。

1991 年在日本横滨中国女队夺得威尼斯杯季军，然后成绩越来越好，进入 90 年代，中国女队逐渐跨入世界强队的行列。

1997 年，中国女队在突尼斯首次进入威尼斯杯决赛，在决赛中败给美国队获得亚军。2003 年，中国女队再度进入决赛，同样最后败给美国队而获得亚军。

2009 年，是中国桥牌史上值得纪念的一年，在巴西圣保罗的威尼斯杯赛上，中国女队决赛战胜美国队捧起威尼斯杯，中国女队终圆世界冠军梦想，中国桥牌人也完成了夙愿，同时为中国桥牌协会成立 30 周年送上了最好的礼物。首次获得威尼斯杯冠军的中国女队成员是：董永灵 / 阎茹、刘逸倩 / 王文霏、孙铭 / 王宏利。

2011 年中国女队在威尼斯杯预赛结束后首轮淘汰赛以 6.7IMPs 不敌最后的冠军法国队止步 8 强。

2013 年中国女队进入威尼斯杯淘汰赛后首轮再遇前一届的对手法国队，和 2011 年不同的是，这次比赛中国女队淘汰了对手进入半决赛，半决赛又遇到近年来的苦手英格兰，结果不敌对手败下阵来，在与荷兰争夺铜牌的比赛中失利最终获得第四名。

2015 年中国女队在威尼斯杯中顺利进入淘汰赛，首轮遇上美国 2 队，在前四节领先的情况下大输第 5 节，最终被淘汰出局。

摘自泓弈棋牌网

中国桥牌女队夺冠台前幕后

李京红

里昂晚上的风已经有点凉意了，不过，夺得威尼斯杯（世界桥牌团体锦标赛女团冠军）的中国女队队员们在锦烁度假酒店感到了异常的暖意，五星红旗下的女将们紧紧地相拥在一起，能够时隔8年后，再度夺冠，热泪早已恣意横流。

平均年龄接近42岁，毫不夸张地说中国女队是一支妈妈桥牌队。世界锦标赛为期两周，时间太久，对女将们的体能是极大的考验。最要命的是，大多数队员不习惯欧洲的西餐。总教练胡基鸿、教练王晓静动足脑筋，帮助队员们找到了中餐馆。而且，中餐馆老板得知中国队的比赛时间拉得很长，根本没有时间去餐馆吃饭，于是，他们将盒饭送到中国队的驻地。给中国队的女将们解决了后顾之忧。队员们开玩笑说，吃着中餐，所以牌越打越好。

桥牌是项比失误少的比赛。但是，失误还是难以避免。所以，常见有的搭档之间口角不断，有时会争得面红耳赤。但是，不管牌打得再乱，全队的团结一定要搞好。队长王文霏是很善于搞好队内气氛的人。作为队长，每天晚餐后，队员们一起散步一个小时。中国队住的地方风景优美，旁边有个很大的公园，绿树如荫，河水清澈，还有小动物。每天散步，队员们会买冰激凌吃，心平静气地说些开心的事情。王文霏还给大家规定，散步时，不讨论桥牌。每天的散步，让她们得到了放松，而体能也得到了锻炼。

王文霏是一个为桥牌痴迷的人。不再年轻的她，除了桥牌还是桥牌。为了桥牌，她可以牺牲一切，牺牲换回了她的排名世界第一。为了保持桥牌水平的高度，她在国家队的搭档已经换过5人。从王礼萍、张瑜、王宏利、刘逸倩，一直到今天的沈琦。她对曾经的搭档都心怀感激，她说，她们每个人都教会了我许多。作为她20多年的好朋友，我曾经这样问她，你嫁给了桥牌，是这样的吗？她的回答：如果实在没人嫁，嫁给桥牌也是蛮好的。桥牌是一种精神寄托，我从中得到了许多，有痛苦，但乐趣大于痛苦。

沈琦，是位非常聪明的牌手。她在国企上班，每次出来比赛，都是需要请假的。上汽桥牌俱乐部每周训练两次，但是，大多数时间，看不到她的出现。队员们告诉我，她还要打卡上班。有一次，我问她，不常来训练，比赛还要请假吗？她说，对的。所以，她会非常仔细地算好自己的假期。然后，合理地利用假期。她说，单位的领导还是很关心自己的，所以请假没有什么问题。她打牌的时间比别人少，而且还要利用自己的休息时间。如今，她成为世界冠军了，希望她的明天不再为请假而伤脑筋。

胡基鸿：桥牌女队未来可能继续称霸世界牌坛

李京红

中国女队在时隔8年后，再度夺得威尼斯杯。25日比赛刚刚结束，《新民晚报》记者独家采访了中国桥牌队总教练胡基鸿，胡教练表示，中国女队比赛中稳扎稳打，沉着冷静，令对手惧怕，未来她们可能继续称霸世界牌坛。

胡教练回忆说，2008年世界智力运动会决赛，中国女队以1IMP，最微弱的劣势惜败。之后，好像中国队一直没有缓过来。胡基鸿说，"智力运动会最小的差距输了，这似乎影响到了后面的比赛。接下来，中国女队2012年智运会淘汰赛首轮、2013年威尼斯杯半决赛先后输给英国队。不过，2016年中国女队击败了多年的苦主英国队。因此，我们在心理上，已经有点优势了。本次威尼斯杯决赛，中国女队是去年的原班人马，而英格兰队阵容又有变化。中国队最后夺冠，也是水到渠成吧。"

从本届比赛来看，中国队的发挥非常平稳，完全是一支成熟的队伍。这是不是中国队最后能够夺冠的原因呢？胡基鸿说，"中国队的表现非常稳定，没有一场比赛大起大落的。桥牌比赛是比谁的失误更少，中国队做到了，她们的失误少。三对选手都发挥出了极高的水平。"

相对一些老化的世界强队，已经完成新老交替的中国女队是一支年轻的队伍。总教练胡基鸿介绍说，6名队员是上海汽车的王文霏/沈琦，北京华远的卢燕/刘艳，江苏队的黄艳/王南。其中王南最小30岁。整个比赛需要两周时间，因此，最后体能成了胜负关键。有的老队员，因为时间太长，体力完全跟不上，比赛时就会出现各种失误。桥牌比赛，不仅仅是技术的比拼，也是体能的比拼。

中国女队在本次比赛中，一直顺风顺水，一路挺进决赛。胡基鸿笑着说，威尼斯比赛有22支桥牌队参赛，先打大循环，中国女队以第二名出线。8进4时，我们选择了荷兰队。她们虽然是上届威尼斯杯的第四名，但是，我们对她们仍然有优势。果然，我们开局好，大比分领先，一直到最后。半决赛相遇波兰队，虽然中间有一点小波折，但中国女队仍然以大胜结束战斗。最后决赛是老对手英国队，我们近年战绩是输多赢少。双方技术上差不多，但在搭档的配合默契程度看，我们更好些。

记者请总教练谈谈三对选手在本届比赛中的表现。胡基鸿说，王文霏和沈琦组合三年，是我们队的核心。王文霏是女队队长，所有队员中最出色、最稳定，得分手段很多，而且绝少犯错，绝对是这支队伍的中流砥柱。她的搭档沈琦进步很快，技术上、心态上都有提高，可以说是飞跃式的进步。王文霏/沈琦组合，是这支队伍的绝对主力。北京队的卢燕/刘艳，卢燕是老将，刘艳是年轻选手，她俩组合时间稍长，牌风比较凶狠，冲击力比较大。不过，这次比赛没有发挥出最高水平。江苏队的黄艳/王南这次表现稳定，王南是全队年龄最小的，非常刻苦，她的牌风比较进取，而老将黄艳则比较稳定，两人互补。

中国女队已经不是欧美桥牌世袭领地的看客了，她们一直稳定在世界前列。那么，未来中国女队能够继续称霸吗？胡基鸿自豪地说，“中国女队已经达到了世界最高水平，从未来趋势看，可以做到这一点。但是，我们仍然需要队伍建设，需要培养更多的年轻牌手。”

牌桌上是需要点霸气的

——独家专访中国桥牌女队队长王文霏

李京红

如果说王文霏是中国桥牌女队的定海神针，一定不为过。中国女队第一次夺得威尼斯杯时，王文霏一度失声痛哭。时隔8年再次夺冠的她则显得比较平静。《新民晚报》记者在她们夺冠的第一时间，独家采访了中国女队队长、世界桥牌特级大师王文霏。

记者：祝贺你，再夺威尼斯杯。同第一次夺冠相比，平静许多了？

王文霏：8年前第一次夺冠，当时确实非常兴奋，因为我们实现了中国几代桥牌人的梦想。今天再次夺冠，是我们全队共同努力的结果，也是中国桥牌所有人努力的结果。实际上，中国女队目前的水平，可以说是达到了世界冠军的高度。

记者：你觉得中国女队能否一直保持在世界最高水平？

王文霏：中国女队通过几年的努力已经完成新老交替，如果队伍相对稳定的话，近几年会一直保持较高的水准。

记者：我观看了8进4之后的所有比赛转播，有种感觉，无论是1/4决赛的荷兰队、半决赛的波兰队，还是决赛时的英国队，对手们似乎都有点惧怕你，在你这张桌上，对手似乎从来掀不起大浪，为什么？

王文霏：哈哈，谢谢你观察如此细致。我觉得，一方面可能名声在外吧，毕竟我这么多年来一直排名世界前列，另一方面我觉得是一种气场吧，有种气势，那就是必胜的信心。因为这种气势，你稳稳地坐在那儿，也会吓死她们。因为一直都在一起打牌，选手之间非常熟悉。交过手，吃过亏，就会更谨慎些。这些年来，当我坐在桌上，感觉就是我说了算。牌桌上，是需要点霸气的。

记者：从淘汰赛开始，你几乎都没有怎么休息。1/4决赛，你缺席了一节，被对手赢了回去。决赛前，你对我说争取5节搞定英国队，果然如愿。比赛打完了，累坏了吧？

王文霏：决赛第一节，我们17比33，输了16点。所以，就根本不可能再休息了，连着打。英国队比较难缠，但我仍然相信我们的实力，对手第6节弃权也在意料之中。两周连续作战，累得都不想说话了。

记者：你的新搭档沈琦这次表现相当不错，决赛第3节第10副牌，英国队止叫在4黑心，你们每人一声，直上小满贯6黑心。平时训练时，会批评她吗？

王文霏：我们搭档了快三年了，她的进步非常快，尤其是这次比赛非常稳定，这也是我非常欣慰的。毕竟，她目前还需要上班，不是全专业的。但是，她非常努力、勤奋、好学。训练时，我还是比较严厉的，有时说得她哭了。不过，没有训练时的严厉，就不会有今天的成绩。这副牌是有局方，在对手东家阻击叫3红心时，我是北家叫了4黑心，她直飞6黑心。叫得出色，是基于对我的信任，也是一种默契。

记者：下个月，你就要重回交通大学读书了？

王文霏：从交大毕业后，就进了国家队。第一次打威尼斯杯是1993年，24年了，一生都在做这一件事情。有时候，同专家交流，因为对桥牌问题看法的角度不同，就很难去沟通。我虽然打了这么多年桥牌，但是，看法也有局限性。所以，想去读些书，从不同角度看问题，跳出是非，可能会更加客观些。我觉得去读些EMBA或听一下其他课程，比如人工智能的，科普的，吸收各种方面的知识，对一名牌手很重要。

王文霏在比赛中

王文霏与搭档沈琦

王文霏与队友

庆功宴

牌技测试与赏析

林子苏

一、试试你的防守

南发牌	♠J987		
双方无局	♥AJ102		
	♦KJ9		
	♣104		
♠52 ♥9874 ♦A4 ♣AK985	北 西　　东 南		

西	北	东	南
			1♠
2♣	3♣	×	3♠
—	—	=	

首攻♣A，♣4，♣Q，♣7，你计划如何防守?

提示：庄家3♠显示低限开叫实力，同伴跟草花Q显示还持有草花J，对3♣加倍显示正常加叫3♣的牌，除去草花QJ外，同伴在红花色上还应该有一些大牌。那么怎样的大牌分布能够击败3♠定约?

答案：

击败3♠定约，需要得到五墩，除了得到两墩草花之外，还要得到两墩红花色。如果同伴在黑桃上有大牌，也是将被庄家飞掉，无法击败定约。所以，只能希望同伴在红花色上有一定的大牌。计算庄家的大牌点可以发现，除了黑桃AKQ之外，只能希望庄家持有剩余未露面的红花色大牌，红心KQ和方块Q中的一张，否则可能无法击败定约，并且庄家很可能会接受邀叫。

假如同伴持有红心KQ，看起来要先帮助同伴穿一轮红心。但是发现明手和自己手中都是四张红心，如果同伴是红心KQX三张，庄家只有两张红心，防守方本来就只能获得一墩红心；如果同伴是红心KQ双张，庄家有三张红心，回红心就暴露了红心大牌在同伴手中，只要庄家打对，防守方在红心中只能得到一墩。

假如同伴持有红心K和方块Q，那么先回攻红心，会让庄家树立好红心赢墩。庄家只要清完将牌之后，从手中出小方块到K，用明手的第四张红心垫去手中的一张方块。这样就只输一墩红心，一墩方块，两墩草花，定约完成。看起来击败3♠定约，同伴必须持有红心K加方块Q，所以，在第二轮就应该回攻方块。

四手牌如下：

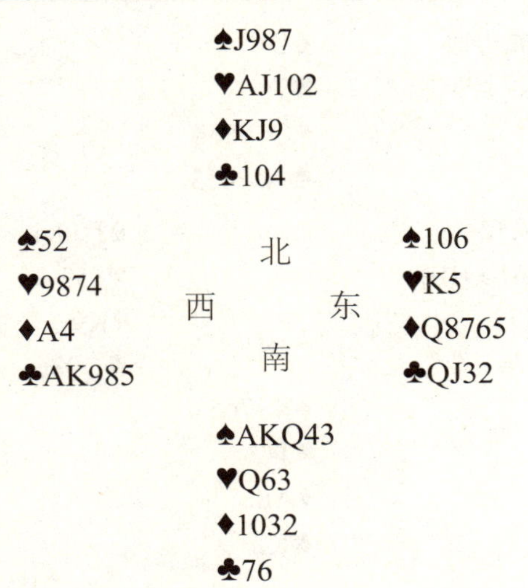

最佳防守应该是草花A大了之后，不兑现第二个草花赢墩，立即回攻小方块。这样不仅保留了防守方在草花中的联通，而且在同伴持有红心Q和方块Q的情况下，庄家也很有可能猜错方块而打宕定约。

二、试试你的做庄

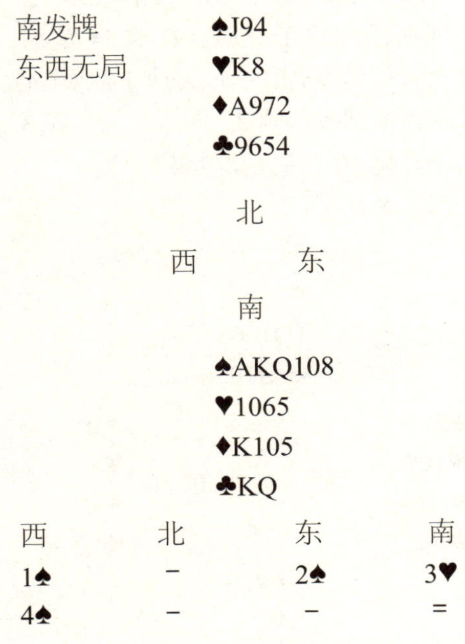

首攻♥7，♥K，♥A，♥5，东家兑现♥Q，♥6，♥2，♥8，再回攻♠2，你计划如何坐庄？

提示：防守方拿掉两个红心赢墩后，庄家已经抢占了先机，可以确保明手能够将吃到一墩红心，这样能将红心的输墩控制在两墩。草花A看来是必然要输的，那么怎样避免方块上的输墩来完成4♠定约呢？

答案：

从单套结构来看，如果任意一位防家持有QJ双张的方块或者持有单张方块大牌，可以避免方块上的输墩。但是明暗两手牌联手只有七张方块，上述分布情况的概率较小。庄家目前有六墩将牌、两墩方块、一墩草花，完成4♠定约还差一墩牌。

从叫牌进程来看，东家争叫3♥至少持有五张红心。西家首攻红心7再跟出红心2，应该是双张红心，那么红心是6-2分布。所以，东家除红心外，其他几门花色应该都较短，西家很有可能持有4-4以上的双低花。那么，对西家在两门低花中进行挤牌，产生第十个赢墩，是最可行的做庄路线。

东家回出黑桃2后，庄家黑桃A吃住。如果先让明手将吃红心，再送出草花K，防守方草花A吃住后，可以回出将牌，这样就无法在保留明手的方块A进手张的情况下，将吃第三轮草花来消去东家的草花。所以，在将吃红心前，要先送出草花K。如果防守方草花A吃住后，回出将牌，庄家暗手吃住，兑现草花Q，用明手最后一个将牌将吃掉手中的红心。现在从明手打出第三轮草花，暗手将吃，若防守方均有草花跟出，清第三轮将牌，东家垫去一张红心。这时候，东家的牌型基本已经浮出水面，东家持有两张黑桃，六张红心，三张草花，最多持有两张方块。只要仅剩的一张草花在西家手中，就可以对西家进行挤牌。

残局如下：

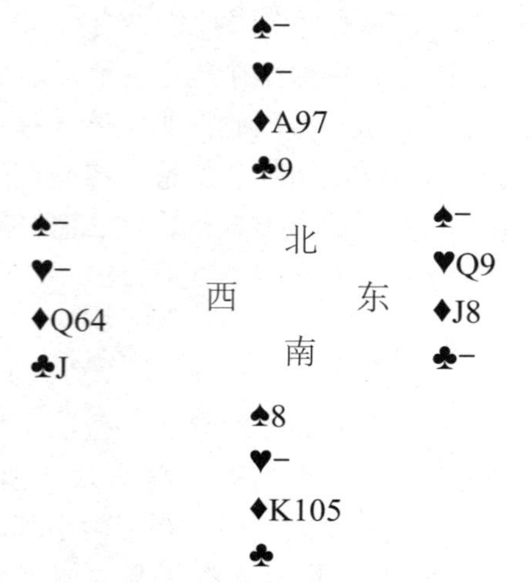

当庄家打出最后一张将牌时，西家就陷入了垫牌的困境，无论垫去哪门低花，庄家均可获得第十个赢墩。

四手牌如下：

北：♠J94 ♥K8 ♦A972 ♣9654

西：♠763 ♥72 ♦Q643 ♣J873

东：♠52 ♥AQJ943 ♦J8 ♣A102

南：♠AKQ108 ♥1065 ♦K105 ♣KQ

三、精彩攻防

这副是实战中遇到的牌例，攻防的变化非常有趣。叫牌过程如上，北家持有5-5双低花，认为存在单张黑桃Q的减值情况，在双无局的情况下并没有在直接位置争叫不寻常2NT，而是在平衡位置叫出2NT，最后3♦成为最终定约。

西家首攻连续兑现红心AKQ，明手将吃

西发牌
双方无局

北：♠Q ♥76 ♦Q10654 ♣AJ1053

西：♠A32 ♥AKQ109 ♦J73 ♣74

东：♠J1084 ♥853 ♦K9 ♣Q986

南：♠K9765 ♥J42 ♦A82 ♣K2

西	北	东	南
1♥	−	1♠	−
1NT	−	2♥	−
−	2NT	−	3♦
−	−	=	

第三轮红心。由于需要判断方块和草花大牌的位置来决定做庄路线，庄家先送出黑桃Q，确认黑桃A的位置。西家黑桃A吃住后，大牌的位置基本已经确定。根据叫牌进程，西家开叫1♥，东家应叫1NT，西家已显示13个大牌点，所以草花Q和方块K一定都在东家。

现在已经输了三墩，打成3♦定约，只允许再输一墩将牌，所以方块J必须在西家。实战中西家回攻黑桃2，明手垫去草花3，东家跟出黑桃10，庄家黑桃K吃住。

四手牌如下：

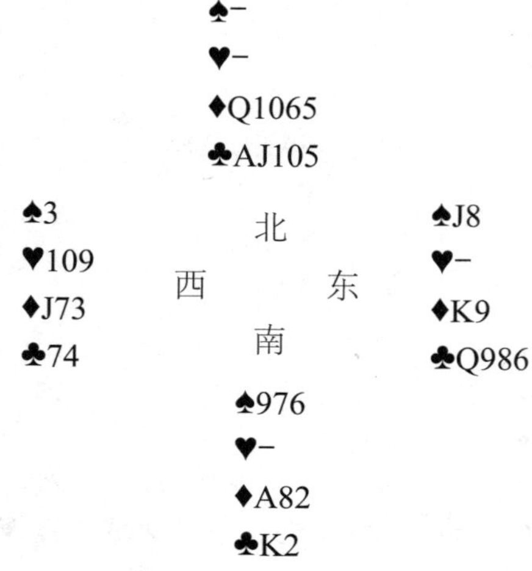

庄家希望草花是3-3分布，如果东家持有Q三个草花，就能完成定约。于是兑现方块A，再出小方块用到明手的方块10进行飞牌，东家方块K吃住。

四手牌如下：

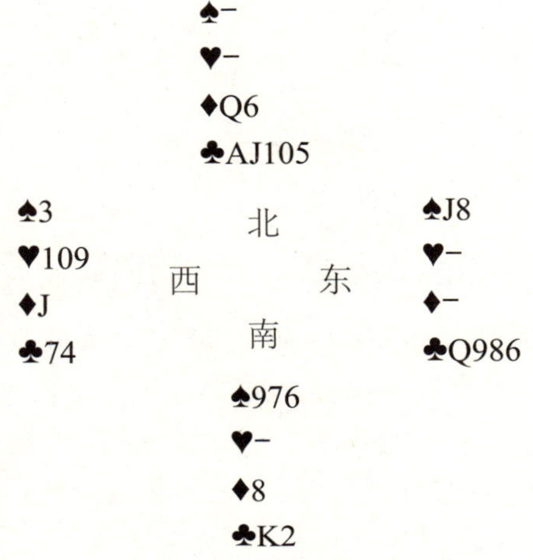

东家看似被投入了，但东家只要回出一张小草花，庄家仍然无法完成定约。因为草花并不是3-3分布，西家的方块J可以看住庄家的方块8，明手的草花套无法树立起来。

实际上在西家回攻黑桃后，庄家已经立于不败之地。庄家要不兑现方块A，直接出方块小用明手方块10飞牌，如果东家方块K吃住后回出一张将牌，可以让明手的方块Q吃住，将出牌权保留在明手。

四手牌如下：

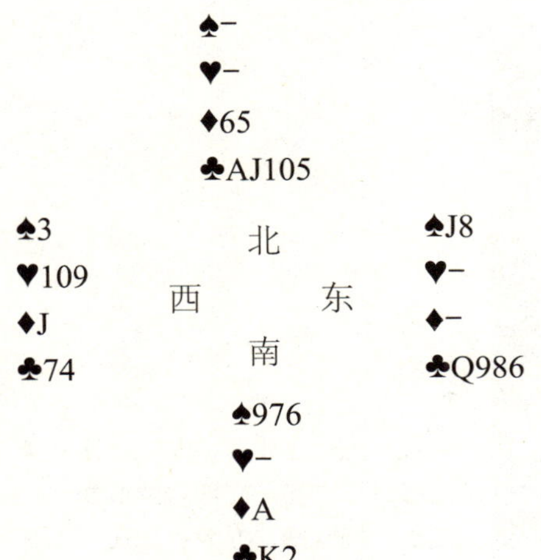

此时从明手出草花J。假如东家不盖草花Q，就可以从明手出小将牌到庄家手中的A，东家会在两门黑花色上受挤。如果东家垫去草花，那么庄家就兑现草花K，再将吃黑桃到明手，兑现明手剩余的草花赢墩；如果东家垫去黑桃，那么庄家就让明手将吃黑桃做大手中的黑桃套，用草花K回手，兑现手中剩余的黑桃赢墩。假如东家盖上草花Q，庄家草花K吃住后，先将吃黑桃到明手，再出最后一个将牌到手中的方块A，东家仍然会在两门黑花色上受挤。

其实，这副3♦定约是可以防宕的。让我们再回到西家黑桃A吃住后的局面。

四手牌如下：

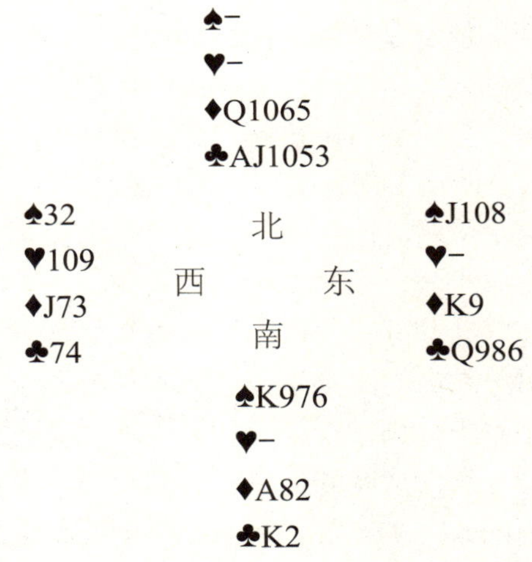

此时回草花是唯一能够击败定约的杀招，并且东家不能扑上草花Q。此后东家方块K进手再回出草花，就能打掉庄家的草花K进手张。此后在庄家清将牌的过程中，东家就可以垫去一张黑桃，只需要看住明手的草花套。因为庄家树立暗手的黑桃长套，需要两个进手张，在草花K被顶掉之后，手中仅剩方块A一个进手张，无法通过树立黑桃长套完成定约，这样定约将会被打宕。

2017年“长宁杯”全国桥牌团体赛上海各队伍成绩综述

赵 冰

2017年“长宁杯”全国桥牌团体赛于4月8日至14日在上海国际体操中心举行。来自全国各地的78支队伍，近500名运动员汇聚一堂，参加为期一周的角逐。全国桥牌团体赛的前身是全国桥牌协会锦标赛，该赛事创办已久，是全国最高等级的桥牌赛事之一，深受全国各省市桥牌协会的重视。上海共有6支队伍参加各组别的较量。

男子甲级的比赛中，上海浦东队在预赛中排名第十一，在之后的第一场淘汰赛中以63：76负于广东广州队，不幸降入乙级。

男子乙级的比赛中，上海队和上海长宁队在预赛中分别排在第三和第六。上海队获得参加升级淘汰赛的资格，但在两场淘汰赛中分别以67：97.5和79：132负于浙江杭州队和湖北队，未能成功晋级甲级。明年将有3支上海队伍参与男子乙级的晋升甲级之战。

女子甲级的比赛中，上海队以预赛第四的身份进入半决赛，并以90.33：84战胜北京队，顺利进入决赛。决赛中，上海队高奏凯歌，以199：116轻松战胜江苏队，夺得冠军。值得一提的是，这是上海队连续三届蝉联该组别的冠军。

女子乙级的比赛中，上海长宁队和上海浦东队在预赛中分别排在A组第二和B组第六。上海长宁队获得参加升级淘汰赛的资格，并在升级淘汰赛的首场对抗中，以118：83击败深圳队，获得直接晋升甲级的入场券。明年将有2支上海队伍参加女子甲级的比赛。

另外，以上海牌手为班底的中国金融队和兵器体协队分别参加了男子乙级和男子丙级的比赛。中国金融队以男子乙级第一名的身份直接晋升甲级。兵器体协则在男子丙级B组中排名第五。

队员：左一：朱萍、左二：王礼萍、左三：王文霏、左四：刘逸倩、左五：周咏梅、左六：沈琦

2017 年上海市智力运动会暨“体彩杯”上海市第 30 届队式桥牌等级赛综述及决赛精彩牌例

电瓶猫

2017 年上海市智力运动会暨“体彩杯”上海市第 30 届队式桥牌等级赛于 3 月 21 日在上海国际体操中心圆满收兵。上海市队式桥牌等级赛创办至今已有 30 年。随着上海市桥牌爱好者的不断增加，桥艺水平不断提高，作为上海市最高等级的桥牌比赛之一，参赛队伍也逐年增多。除了甲、乙级参赛队各 16 支外，另有 56 支丙级队报名参加本次比赛，为等级赛办赛以来之最。

不仅如此，等级赛的参赛队中不乏曾经获得过全国冠军的队伍，还有全国 A 类桥牌俱乐部队，可谓高手云集，竞争激烈。本次比赛还承载着选拔上海队参加 2017 年全国桥牌团体赛的任务，获得本次比赛甲级赛前三名的队，将与上届冠军上海城建瑞仕队争夺代表上海队的资格。

甲级赛 16 支队伍分为两组分别进行循环赛，各组前四名进入 1/4 决赛，循环赛第五名保级，循环赛第六、七名分别进入保级淘汰赛，循环赛第八名直接降入乙级。乙级赛 16 支队伍也分为两组进行循环赛，循环赛各组第一名直接升级，循环赛第二、三名进入升级淘汰赛，循环赛第四、五名保级，循环赛第六、七名进入保级淘汰赛，循环赛第八名直接降级。

经过循环赛的激烈比赛后，甲级队预赛排名如下：

甲级循环 A 组预赛排名			甲级循环 B 组预赛排名		
名次	参赛队	VPs	名次	参赛队	VPs
1	上海长寿	84.22	1	上海金融	94.28
2	上海城建瑞仕队	77.47	2	上海虹口（中铁十四局）	92.08
3	上海现代设计	77.42	3	上海圣淘沙	78.54
4	浦东浦发	73.16	4	天域园林	73.27
5	浦东宣桥（宣新发展）	71.87	5	上海过河兵	71.65
6	东方公证队	59.48	6	上海无将桥牌俱乐部（上海电力股份）	66.42
7	建设银行上海分行	58.38	7	上汽中国华信	58.34
8	中国金融期货交易所	56.5	8	康桥康欣	24.42

在四分之一淘汰赛中，上海长寿、浦东浦发、上海城建瑞仕队和上海金融分别战胜上海圣淘沙、上海虹口、天域园林和上海现代设计进入半决赛。保级战中，上汽中国华信和上海无将桥牌俱乐部分别战胜东方公证队和建设银行上海分行，保级成功。而东方

公证队、建设银行上海分行与中国金融期货交易所、康桥康欣降入乙级。

乙级队预赛排名如下：

上海电力电子队、上海申能（健行者）

乙级循环 A 组预赛排名			乙级循环 B 组预赛排名		
名次	参赛队	VPs	名次	参赛队	VPs
1	上海电力电子队	97.48	1	上海申能（健行者）	92.29
2	杨浦桥协队	93.93	2	上海青年队	80.24
3	体彩队	69.1	3	上海思倍捷	75.46
4	上海卫生	65.96	4	育贤华侨生	72.44
5	金色年华	64.32	5	上海桥缘	72.21
6	上海高维	58.57	6	上海创禹	70.19
7	外企联队	58.51	7	七龙珠桥牌俱乐部	56.62
8	嘉定桥协（纯缘桥俱）	49.63	8	长寿桥牌俱乐部（石化上工）	36.55

分获乙级赛 A、B 组的第一名，取得直接晋升明年甲级赛的资格。体彩队、上海思倍捷队分别在淘汰赛中击败上海青年队、杨浦桥协队，取得另外两个晋升明年甲级赛的资格。嘉定桥协、长寿桥牌俱乐部直接降入丙级，外企联队、七龙珠桥牌俱乐部在保级淘汰赛中不敌对手也降入丙级。

在丙级赛中，中交三航局队、上海地平线队在预赛中排位前二，取得直接晋升明年乙级赛的资格，普陀区桥协队、无将镶蓝队通过淘汰赛获得剩余两张晋升明年乙级赛的入场券。

甲级半决赛的比分差距都不大，浦东浦发 48∶46 险胜上海长寿，上海金融 50∶33 战胜上海城建瑞仕队，浦发、金融两队会师决赛。决赛共打 32 副牌，分两节进行，下面我们来看一下，决赛中的精彩牌例。

第 3 副牌是一副边缘满贯：

开室中，北家在南家开叫自然 1♣ 后 2♣ 反加叫，南家再叫 2NT 显示低限均型牌，北家持有 16 个大牌点，6332 牌型，选择简单加叫到 3NT，最终 3NT 定约超三。

闭室中，南北方向也是使用自然叫牌法。北家在南家 2NT 后，并没有满足于成局定约，选择 3♦ 扣叫。南家持有 14 个大牌点，是不足开叫 1NT 中的高限，便响应同伴

第 3 副
南发牌
东西有局

北：♠A5 ♥J95 ♦AK ♣KJ10742

西：♠Q1072 ♥K842 ♦J82 ♣Q6

东：♠963 ♥Q106 ♦107654 ♣85

南：♠KJ84 ♥A73 ♦Q93 ♣A93

开室

西	北	东	南
刘宁	李庆良	郁放	戴建伟
			1♣
–	2♣	–	2NT
–	3NT	–	–
=			

闭室

西	北	东	南
顾振寰	单柏松	宋斌	施豪军
			1♣
–	2♣	–	2NT
–	3♦	–	3♠
–	4♣	–	4♥
–	6♣	–	–
=			

的扣叫，当南家分别叫出3♠和4♥后，北家直接跳叫到6♣。由于将牌2-2分布，6♣定约轻松打成，上海金融赢得10 imp。

第5副又是一副大牌：

	北	
第5副 北发牌 南北有局	♠9742 ♥J10 ♦Q3 ♣J8653	
西		东
♠A10 ♥K86432 ♦JT985 ♣–	北 西　　东 南	♠KQJ853 ♥AQ95 ♦6 ♣102
	南	
	♠6 ♥7 ♦AK742 ♣AKQ974	

开室

西	北	东	南
刘宁	李庆良	郁放	戴建伟
		1♠	2NT
3♥	–	4♥	5♣
5♦	–	5♥	–
–	=		

闭室

西	北	东	南
顾振寰	单柏松	宋斌	施豪军
		1♠	2NT
3♥	–	4♦	4♥
4NT	5♣	×	–
5♥	–	–	6♣
–	–	6♥	–
–	×	–	–
=			

开室中，东家开叫1♠，南家争叫2NT显示双低花，西家叫出3♥，这时的3♥并不逼叫，东家有四张红心支持便4♥加叫进局。南北单方有局，对于南家来说，虽然局况不利，但整手牌6-5套仅有三个输墩，还是叫出了5♣。此时，西家看到自己草花缺门，如果东家方块单缺就有可能打满贯，便扣叫5♦显示对满贯仍有兴趣。但从东家的位置，并不清楚西家草花缺门的情况，于是回到5♥。最后5♥成为最终定约，结果仅输一墩方块，5♥定约超一。

闭室中，叫牌进程激烈得多。在西家叫出3♥后，东家虽然只有12个大牌点，但意识到存在满贯的可能性，便扣叫4♦显示方块单缺。南家也不甘示弱，扣叫4♥显示持有一手做庄实力很强的牌。西家的牌在东家扣叫4♦后大幅升值，于是叫出4NT问关键张。由于南家扣叫4♥，北家了解到南家至少持有十一张低花，于是叫出5♣。东家对于5♣加倍显示持有一个关键张，此时西家选择叫了5♥。但叫牌并未就此结束，南家基于草花配合，叫出6♣牺牲叫，实际上6♣定约只有宕一；但东家也并未就此罢休，西家在6♣后选择逼叫性pass，东家判断西家是草花缺门，于是东家叫出6♥，北家加倍，叫牌结束。最终6♥加倍定约正好完成，浦东浦发赢得12 imp。

打完14副后，浦东浦发26：20领先上海金融，接下来的第15副，又是一副大牌。

闭室中，当西家显示六张方块和四张草花的低限牌后，东家持有5-5高花决定打3NT定约。由于南北两家的草花是4-3分布，庄家只输三墩草花和一墩红心A，3NT定约正好打成。

开室中，东西两家找到了5-3对的红心配合，最终叫到6♥定约。东西两手牌看似只有红心A一个输墩，由于明手QJ10的三张将牌要用来将吃，所以定约还存在一些问题。南家首攻草花K，明手草花A吃住，方块K回手，用黑桃AKQ垫去明手的三张小草花。现在庄家希望黑桃4-4分布，明手将吃一墩黑桃，做大庄家手中的最后一张黑桃，明手的方块A垫去庄家手

第 15 副
南发牌
南北有局

	♠J5432 ♥9 ♦10853 ♣J65	
♠- ♥QJ10 ♦AJ7642 ♣A432	北 西　　东 南	♠AKQ109 ♥K8762 ♦K ♣108
	♠876 ♥A543 ♦Q9 ♣KQ97	

开室

西	北	东	南
刘宁	李庆良	郁放	戴建伟
			–
1♦	–	1♠	–
2♣	–	2♥	–
2NT	–	3♥	–
4♣	–	4♦	
5NT	–	6♦	–
6♥	–	–	=

闭室

西	北	东	南
顾振寰	单柏松	宋斌	施豪军
			–
1♦	–	1♠	–
2♦	–	2♥	–
3♣	–	3NT	–
–	=		

中的草花输墩后，将牌中只有一个输墩的话，就能完成定约。只可惜在将吃第四张黑桃时，南家垫去手中最后一张方块，当明手兑现方块 A 时被南家将吃，南家再兑现红心 A，打出红心，清掉明手的将牌。庄家还要输一墩黑桃，最终 6♥ 定约宕二。浦东浦发赢得 11 imp。庄家这副牌运气不佳，如果南家持有超过两张方块，明手的方块 A 能够兑现到的话，通过交叉将吃，还是可以完成定约。

第 29 副
南发牌
双方有局

	♠K107 ♥K5 ♦KJ75 ♣A962	
♠A8654 ♥QJ32 ♦A ♣743	北 西　　东 南	♠J3 ♥A87 ♦Q984 ♣KQ85
	♠Q92 ♥10964 ♦10632 ♣J10	

开室

西	北	东	南
顾振寰	单柏松	宋斌	施豪军
	1NT	–	–
×	–	–	××
–	2♣	×	–
–	2♦	×	–
–	=		

闭室

西	北	东	南
刘宁	朱敏荣	郁放	刘沉
	1♦	–	–
1♠	–	2NT	–
3♦	–	3NT	–
–	=		

如果看到四手牌，庄家可以不树立黑桃套，直接通过交叉将吃来完成定约，因为北家持有单张将牌 9。在兑现黑桃 AKQ 垫去明手的草花后，先让明手将吃草花，再兑现方块 A 垫去庄家手中的一张黑桃，发现南家掉落方块 Q 后，出小方块手中用红心 6 将吃（如果南家用红心 A 超将吃，再回出红心，也是无法击败定约的，因为明手还有两张将牌），再用明手的红心 J 将吃最后一张黑桃。当明手出红心 Q，北家掉出红心 9 后，手中

剩余的红心 K87 已成为连接张，最终只输一墩红心 A，可以完成 6♥ 定约。

经过上半场 16 副牌的角逐，浦东浦发以 37∶21 领先上海金融。下半场上海金融奋起直追，打完 28 副时，上海金融已经以 41∶38 反超比分。但接下来的第 29 副牌，则是本场比赛的转折点：

闭室中，北家开叫 1♦，两家 pass，西家平衡位置叫出 1♠。东家持有开叫点，选择 2NT 邀请，最终东西方向叫到 3NT 定约。南家首攻红心 10，明手红心 Q，北家红心 K，庄家用红心 A 吃住后，让送黑桃 J。北家黑桃 K 赢进后回红心，东家红心 8，南家红心 9，西家红心 J 吃住。现在东家的红心 7 已经做大，但明手的红心进手张也已经被用掉。明手兑现黑桃 A，再送出黑桃，由于黑桃 3-3 分布，明手的黑桃套已经做好。南家黑桃 Q 赢进后回方块，顶掉明手的方块 A 最后一个进手张。此时，明手只能兑现完黑桃赢墩，庄家手里被迫垫成方块 Q9 和草花 KQ，这样庄家只能再赢得一墩草花，共得到三墩黑桃，三墩红心，一墩方块和一墩草花，最终 3NT 定约宕一。

开室中，出现了不同的叫牌进程。北家在只有 14 个大牌点的情况下开叫 1NT，两家 pass，西家平衡位置加倍显示双高花，东家持有开叫点和 4-4 双低花选择罚放，南家求救性再加倍，最终北家主打 2♦ 加倍定约。东家首攻将牌，西家 A 吃住后回草花，北家跟草花小，东家草花 Q 吃住后转攻黑桃 J，明手黑桃 Q，西家忍让。明手进手后，出红心到手中的红心 K，东家红心 A 吃住后继续回攻黑桃。西家黑桃 A 进手，再出黑桃让东家将吃。目前防守方已经得到一墩黑桃，一墩红心，两墩方块和一墩草花。东家回攻红心，西家红心 Q 赢得这墩，之后防守方总能再得到一墩将牌，2♦ 加倍定约宕二。浦东浦发队赢得 12 imp 后，再次以 50∶41 领先。假如南家在 1NT 加倍后选择 pass 的话，东家只有在首攻双张黑桃的情况下，才能防守 1NT 加倍宕二，其他首攻定约都只有宕一，这样上海金融在这副牌上将只输 7 imp。

最后三副牌，虽然上海金融总共扳回 8 imp，但还是以 49∶50 一点的差距惜败浦东浦发。浦东浦发最终夺得本届比赛甲级赛冠军。三、四名争夺战中，上海长寿 73∶53 战胜上海城建瑞仕队获得第三名。

国际跳棋文化面面观（一）

林　塔

关于国际跳棋的起源和传播

如果没有2008年10月在北京举行的首届世界智力运动会，国人中对国际跳棋所知者恐怕寥寥无几，不少人的认识还停留在我们儿时玩耍的六角玻璃跳棋上。其实，国际跳棋的历史比国际象棋还要悠久，远在古埃及法老时期就已存在，现代国际跳棋是在12世纪定型的。

国际跳棋是世界上最具影响力的智力竞技之一。据史学家们研究，国际跳棋由各国的民族跳棋演变而来，发端于古埃及、古罗马、古希腊等一些国家和地区。人们已经从古埃及的法老墓里找到下跳棋的绘画作品，在法国的卢浮宫博物馆至今珍藏着狮子和羚羊下跳棋的壁画。但是由于学术上的分歧，考古学家们还无法准确地推断出国际跳棋的起源地。

当你有机会来到风光旖旎的巴黎，一定要到塞纳河北岸的卢浮宫去看一看。这座遐迩闻名的博物馆，因《维纳斯》雕像，《蒙娜丽莎》油画和《胜利女神》石雕等顶级艺术品而备受世人瞩目。如果你细心地浏览，还会发现有一幅壁画，上面描绘的是狮子和羚羊下跳棋的场景。在古代，有关狮子和羚羊的故事很多，比如狮子和羚羊赛跑。如果羚羊跑不过狮子，将会被狮子吃掉；如果狮子落在了羚羊后面，则两者可以和平共处。又有一种说法：非洲干旱引发饥荒，只有一处草地可供生存，一群羚羊撒腿狂奔，争取尽早享用到美餐以求果腹；狮子后面紧追，如果有半点懈怠而赶不上，就有可能忍饥挨饿。

但是我们看到的壁画，画面不是争斗而是和谐。古代把狮子称为万兽之王，羚羊代表顺民。王与民下棋同乐，是否寓意为五谷丰登，天下太平昌盛了呢？如今，这幅壁画已成为国际跳棋源远流长的见证。

这让我想起了有关国际象棋起源的传说（版本之一）。古印度有一位国王，生性暴戾，穷兵黩武，以致百业凋敝，民怨沸腾。有一天，一位老人带着他的发明——国际象棋来觐见国王。已经对连年战争感到厌倦的国王见了这新奇的玩意很是喜欢，就拉着老人对弈起来。没想到这一交手，就舍不得放手了，两人竟连着下了三天三夜。第四天早上，国王带着满意的神情对老人说："你给了我无穷的乐趣，为了奖赏你，我现在决定，你可以从我这里得到你所需要的任何东西，哪怕是半个王国。"于是，就有了在国际象棋棋盘的第一个格子放上一粒小麦，第二个格子放上两粒，第三格放四粒，第四格放八粒，每一次递增一倍，一直到64格为止的脍炙人口的故事。

一幅壁画，一个故事，穿越时空，放飞

思绪。充分表达了化干戈为玉帛，把人世间的纷争都集中到棋盘上来的美好意愿。

《阿克琉斯与埃阿斯》是希腊黑绘风格瓶画的佳作，完成于公元前6世纪。此瓶画取材于荷马史诗中提到的两个英雄——阿克琉斯和埃阿斯在出征特洛伊途中遇到风暴，在帐篷里下国际跳棋的情节。两位英雄盔甲不解，长矛依肩而立却兴致勃勃地“对战”，洋溢着浓厚的生活情趣。

国际象棋史上的第二位世界冠军拉斯克博士曾说：“国际跳棋是国际象棋的母亲，而且是很忠实的母亲”。十八世纪前，国际跳棋用的棋盘基本都是64格。直到1723年，一位波兰军官认为无论是从全局战略考虑还是丰富战术打击的需要，64格的天地似乎小了些，于是将棋盘拓展至百格。这就是64格跳棋和百格跳棋成为现代国际跳棋主流的由来。

公元三世纪，国际跳棋已经在世界各地流行，其传播的途径大多是靠战争、殖民地、传教士来完成的。非洲、美洲的盛行，原来这两大洲有很多国家都是英属、荷属，法属的殖民地，而恰恰是这几个国家，在当时国际跳棋水平最为高超。正因为如此，黑人中不乏国际跳棋高手。塞内加尔的巴巴希，甚至在1963—1964年夺得了世界冠军，这在其他棋牌项目中是难以想象的。

俄罗斯是国际象棋王国，跳棋也很普及。在俄罗斯民间流传着这样一则故事：一位国王问一位名叫米哈依洛的勇士：“你平时在露西亚（美洲加勒比海的小岛国）靠什么来消遣?”米哈依洛回答说：“我们用枫木做棋盘，用橡木子做棋子，下跳棋来消遣。”

在中世纪，下跳棋已成为骑士和贵族的必修课，他们认为这是高品质、高素养的体现，在两部世界名著——卜伽丘的《十日谈》第十个故事西波拉讲道和塞万提斯的《堂吉诃德》中都可以找到印证。

关于跳棋的第一本书早在1531年就已经在威尼斯出版，但国际跳棋首届正式的世界比赛（百格）却迟于1894年在法国举行。经过一番激战，冠军为东道主棋手N·魏斯所获。

1947年，法国、荷兰、比利时和瑞典四国联合创办国际跳棋联合会，总部设在法国，现已发展到60多个成员国。据蒙古国际跳棋队领队T·普尔多吉介绍：当今欧洲的国际跳棋水平较高，其中俄罗斯、英国、法国和荷兰最具代表性。非洲的一些国家如：塞内加尔、马里、科特迪瓦等开展得也不错。还有美国、巴西和独联体国家的实力也不容低估。

2007年8月，由国家体育总局棋牌运动管理中心组织的首届全国国际跳棋裁判员、教练员培训班在北京举行，标志着国际跳棋在我国开始“起跳”。当年11月，总局棋牌运动管理中心又分别在天津和湖南举办了选拔赛，同时举办裁判员培训班。中心还在全国设立了12个试点地区，分别是：北京、上海、天津、吉林、辽宁、湖南、湖北、山东、深圳、河南、贵阳和成都。在首届全国国际跳棋锦标赛开幕式上，当时的中国棋院院长华以刚风趣地对在座的各地代表说：“大家都很有远见，目前在国内搞国际跳棋就好比中国人买股票买到了‘原始股’。中国人搞棋不笨，国际跳棋很适合在中国发展。”

2009年11月，在四川温江举行的首届全国智力运动会国际跳棋比赛中共设64格混合团体、64格男女个人、百格混合团体、百格男女个人6块金牌。时隔两年，在武汉举行的第二届全国智力运动会国际跳棋比赛中又增设了百格少年男女个人两块金牌。

2009年12月4日，中国国际跳棋协会在京正式成立。协会下设技术训练委员会、竞赛裁判委员会等六个分支机构，共同承担中国国际跳棋协会的各项工作。中国国际跳棋协会的成立，昭示着我国国际跳棋运动的开展迈上了一个新台阶。

跟佳佳姐姐学国跳（一）

严　佳

第一课　棋盘与棋子

国际跳棋的棋盘是一个正方形，由 100 个黑白相间的小方格组成。我们把棋盘上的黑格称为“行棋位”，每一个黑格上都有数字编号，从左到右依次从 1-50 排序。要注意，我们摆放、行走棋子都是在黑色的格子里进行的。

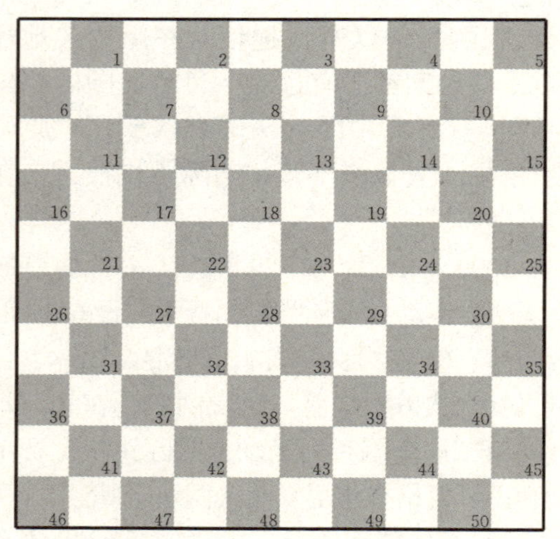

国际跳棋的棋子是由 20 个白子和 20 个黑子组成。棋局初始阶段如图所示，白子放在 31-50 位黑格里，黑子放在 1-20 位黑格里。对弈的时候白方先走，每方各走一步，轮流进行。直到把对方棋子吃光或使对方无子可走方为取胜。

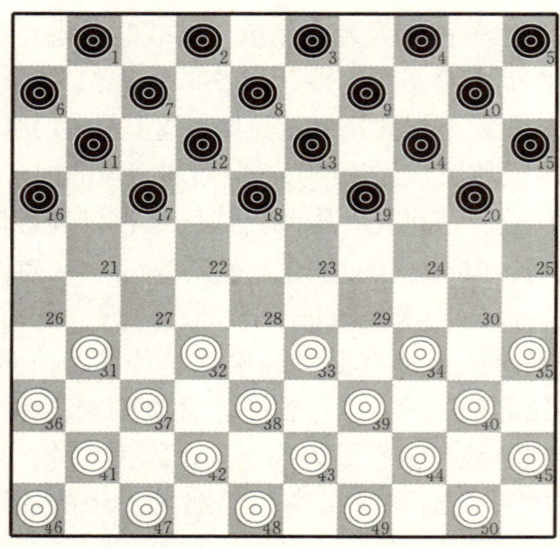

白方 48 号棋位与黑方 3 号棋位有着重要的战略意义，我们把它们称为金棋位，在金棋位上的棋子我们称为金棋子。对于初学者来说，金棋子是很重要的，出动这枚棋子的时候要慎重。

在国际跳棋棋盘中，有几条很重要的“道”。其中由 5 延伸到 46 的斜线是最长的一条“道”，我们称它为“大道”。大道和它左右两条道（4-36、15-47）一起被称为“三联道”。1-45 和 6-50 组成的两条道我们称作“双重道”，并与 1-6 和 45-50 两条小道组成一个矩形。这几条道贯穿了棋盘重要的位置，尤其在残局的时候，好好利用这几条道对胜负有着决定性意义。

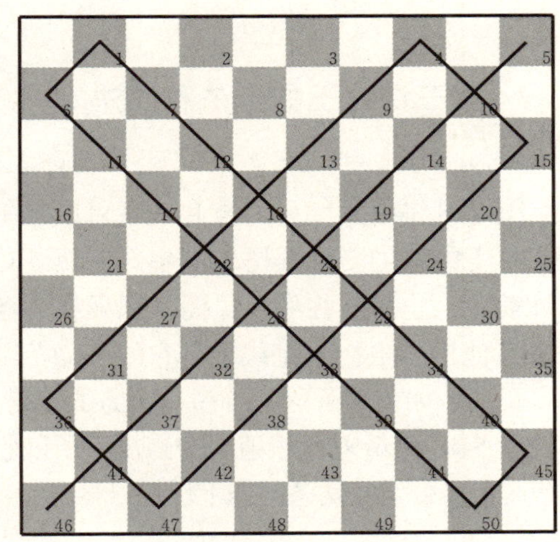

第二课　兵的走法和吃法

国际跳棋的兵是往斜前方走的，不能往后退，而且每次只能往前走一步。我们知道，白棋是放在棋盘上编号比较大的一方，所以如图所示，它是朝编号小的一方走；而黑棋是放在棋盘上编号小的一方，所以它是朝编号大的一方走。

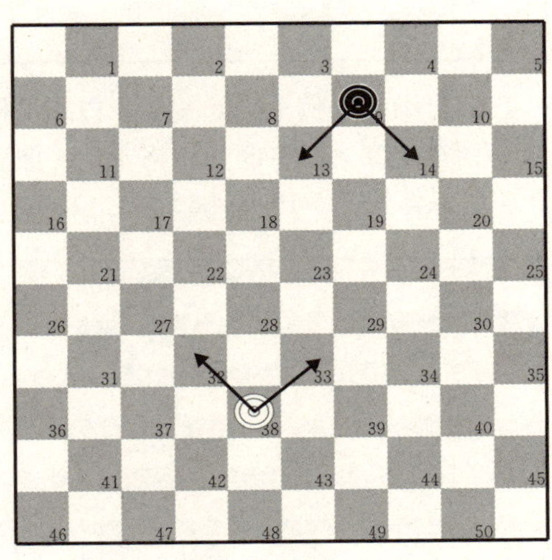

在棋盘中心的棋子移动范围广，而边上的棋子只有一个选择，所以我们行棋时尽量把子往中心运。

国际跳棋中存在吃子：当与对方的一枚棋子相邻，而且对方棋子后面的一个格子里没有其他棋子时，这时可以跳过该枚棋子，然后把它从棋盘上拿走，完成吃子的过程。要记住，我们不能跳吃自己的兵，也不能跳吃对方两个连在一起的兵。兵只可以往前走，不能往后退，但是吃子的时候可以往前吃，也可以往后吃。

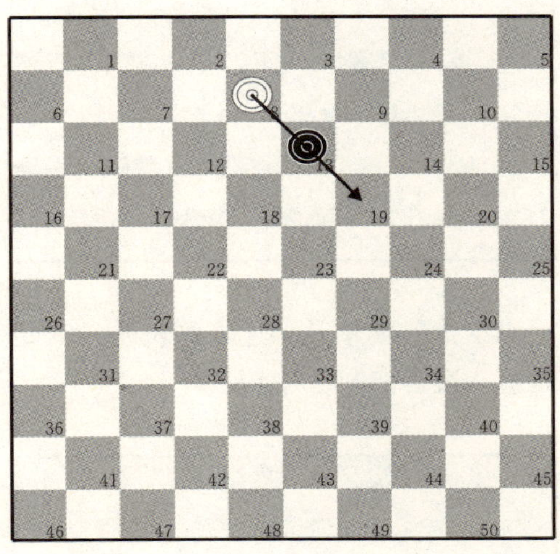

当两边都能吃的时候，我们可以自己根据局面判断选择吃哪边。

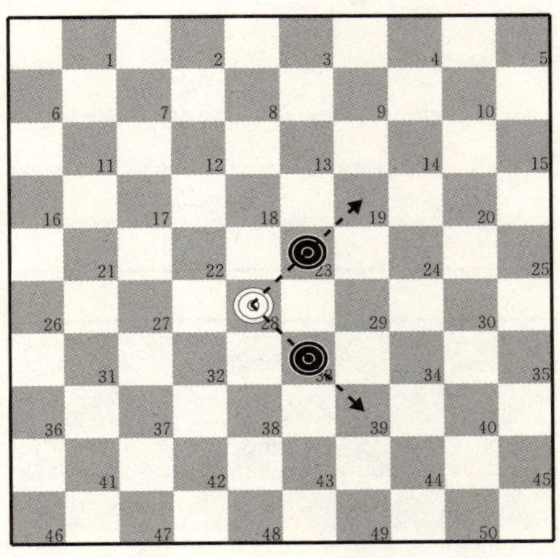

兵还可以连吃。当兵吃完一个子后，落在的新位置上又满足于吃子条件，就可以继续吃下去。通俗的讲，当对方的兵中间都有一个位置的空格时，就可以连续跳过它们并依次把它们从棋盘上拿走。如图所示，在37位的白兵依次跳过32、23、14的黑兵，最终落在10上。

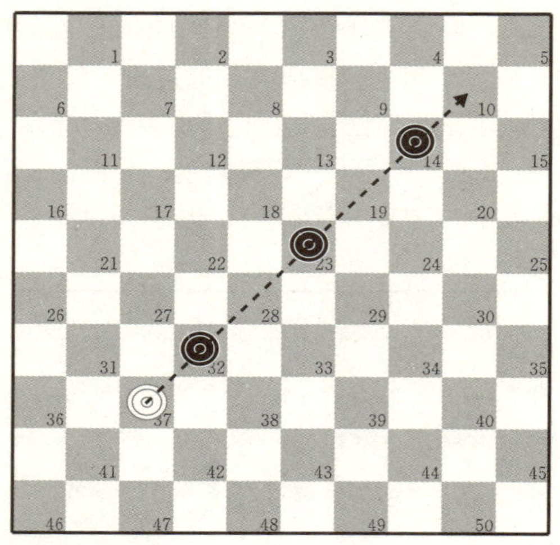

再给大家展示几种连吃的例子，帮助大家理解，看看你们吃对了吗？

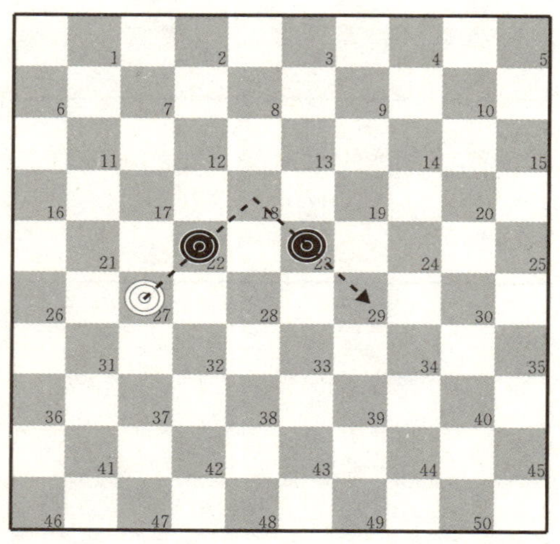

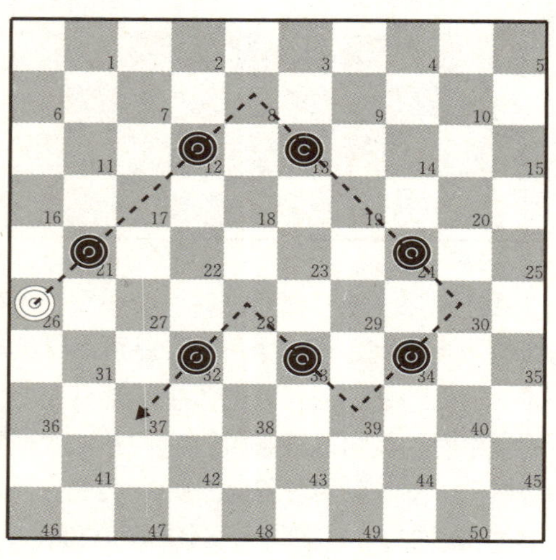

第三课　王的走法和吃法

国际跳棋中兵冲到对方底线就可以加冕成王，王的威力要比兵厉害得多。王棋既可以往前走，也可以往后走，而且只要在一条没有其他棋子阻拦的直线上，它的移动范围不限距离。如图 1 所示，28 位是白方的王棋，它处于 5-46 和 6-50 两根道的交点上，所以它走棋时可以停留在两条斜线上任意一格里。

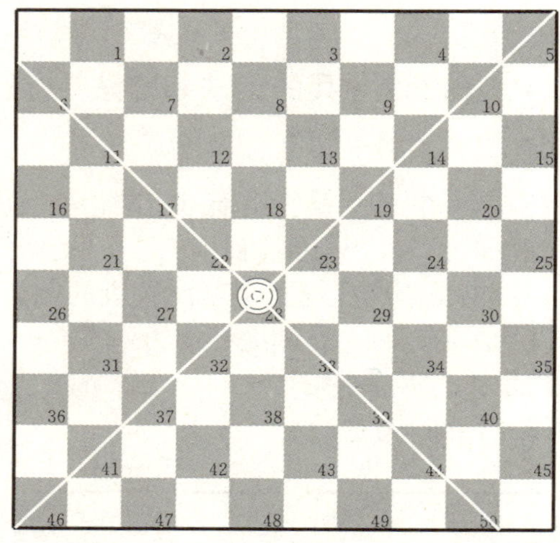

我们再举一个例子，如图二，白方王棋可以停留在 3-26 和 16-49 任意格子上，而黑色王棋可以停留在 5-10 和 4-15 任意位置上。

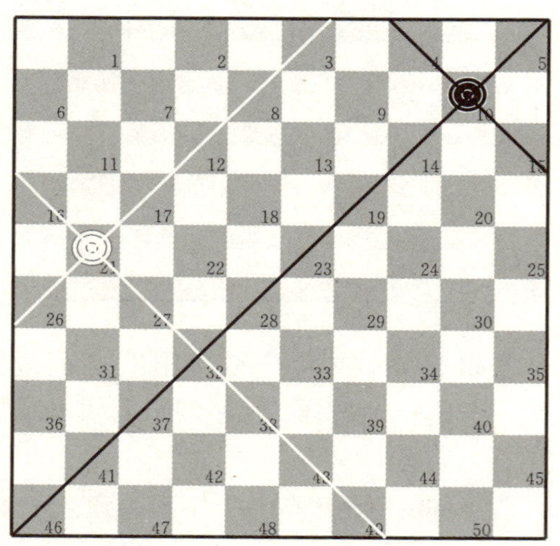

王棋的吃子条件：只要对方的一枚棋子与它在同一条斜线上（不一定要相邻），且对方棋子后方有空格，王棋就可以跳过该枚棋子并可停留在后方任意空格内。王棋像兵一样可以往前吃，也可以往后吃，同时王棋吃子时也不能跳过自己的兵以及跳过对方两个连在一起的兵。国际跳棋中，兵王可以互吃。

如图，黑方小兵和白方王棋处在一条直线上，中间无间隔其他棋子，白方王棋就可以跳过黑方棋子把它吃掉，且可停留在5、10、14、19号格任意空格内。

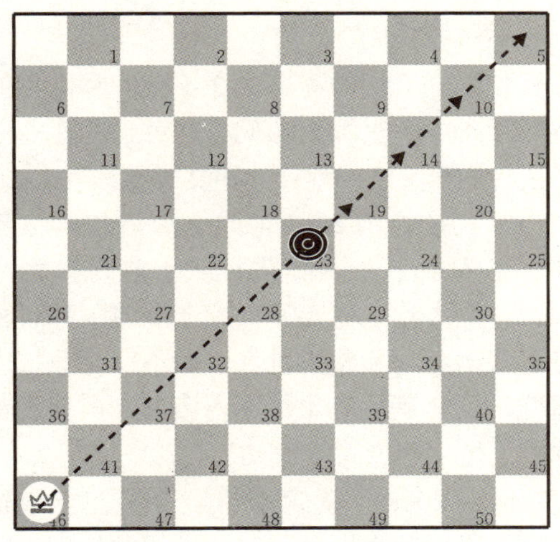

王棋还可以连吃。只要王棋吃完一个子后落在的新位置上又满足于吃子的条件，就可以进行连吃，吃到无法再吃为止。

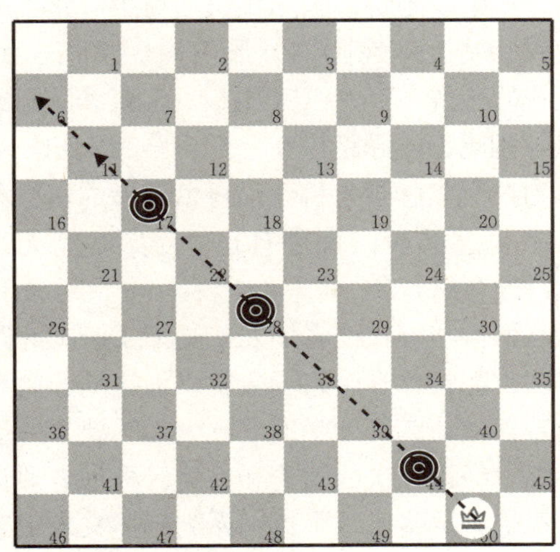

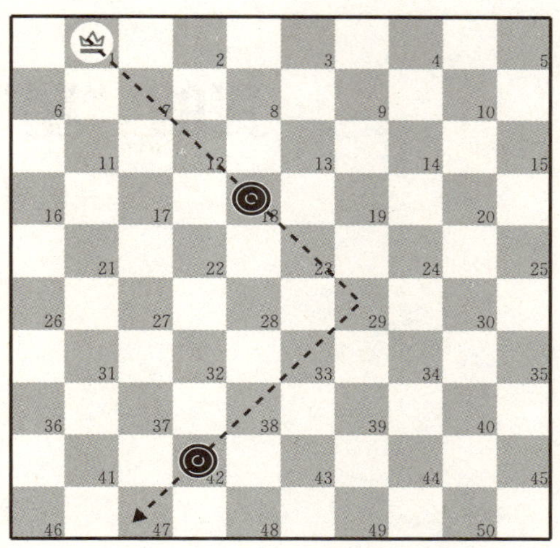

如图，白方王棋吃完17和8号位的兵后停留在3时，又和14号位的黑兵处在一条直线上，所以可以继续吃掉14的兵，然后王可以停留在20和25两个格子上，但是停在20位上又与24号位黑兵处在一条直线上，所以我们选择停留在20号位上然后把黑方24和38号位兵吃掉，最终停留在42或者47号格上。这样，白方王棋一下子吃掉黑方五个兵。

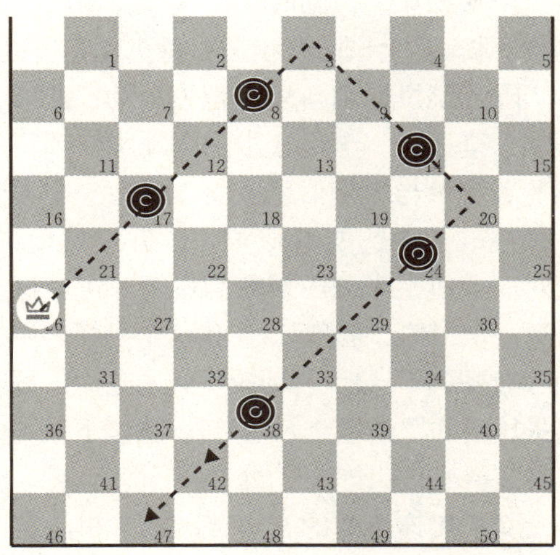

我的“星”路历程（一）

——现役“准妈妈棋手”

刘　沛

2017年4月，我刚刚完成了三个比赛。先是在4月1日—5日从深圳全国个人锦标赛收获了自己的第九个全国冠军头衔。随后在已去过三次的“古丝绸之路重镇”乌兹别克斯坦塔什干，在2017年亚洲国际跳棋锦标赛中收获了2金1铜。

紧接着在回国的第二天便在上海本土作战，从第十三届全运会群众比赛国际跳棋预赛暨2017年全国国际跳棋等级赛（上海赛区）中获得第一，同时获得代表上海队参加7月天津全运会国际跳棋项目总决赛的资格。

国际跳棋这项新兴的智力运动，能够一跃加入全运会，十足让中国国际跳棋项目的从业者和参与者们倍感欣喜。而在一个月内连续征战三个比赛看似艰苦，但坦白地说，这对职业棋手来说应属家常便饭。可就这么短短一个月的“折腾”，让我这个身怀六甲的“准妈妈棋手”极少有地感觉到了吃力。凭着这张珍贵的“全运会入场券”，我接下来的任务将是备战这四年一度的“中国奥运会”。

除了接连不断的赛事让国际跳棋队在今年显得十分忙碌。此外酝酿已久的《上海棋牌》杂志将在今年创刊，并筹备在年中出版首期杂志的消息已坐实。这是包括围棋、象棋、国际象棋、五子棋、国际跳棋和桥牌在内，统称为“五棋一牌”主流智力运动的从业者和爱好者们的喜事。在不久即将问世的首期杂志中，棋牌大咖们将在各自的专业中为读者们奉上精彩耐读的图文饕餮。

但就是这则2017年的上海滩棋牌大事件，难为了上海国际跳棋队主教练林塔老师。这位人称“林大师”的上海滩国际跳棋总教头出身国际象棋世家。他不仅专业技术超群，且文笔及口才是圈内名家，连外表都称得上是“行走的艺术家”。

他自2008年掌管项目至今，在上海这座棋牌重镇苦心培育着堪比小树苗的国际跳棋队。先后在三届全国智力运动会中收获5块金牌，培养出国内屈指可数的特级大师2位，称得上是国跳界的“金牌教练”。

实事求是讲，国际跳棋项目虽有悠久的发展历史，但在国内开展仅短短10年。跟主流的传统“三大棋”（围棋、象棋和国际象棋）相比，国际跳棋在上海仍鲜有人知。能够为撰写棋牌杂志稿件而可供参考的资料和文献少之又少，真是有点“巧妇难为无米炊”的意思。

如何能够让读者朋友们逐渐了解国际跳棋项目呢？首刊杂志国际跳棋板块的选题和内容着实让满腹才学的“林大师”费了一番心思。经过数次的讨论和推让，林塔老师让我执笔“星路历程”这一系列自述文章，意借我本人的从业道路，让读者朋友们从棋手的第一视角了解国际跳棋。

起先我对把自己的国际跳棋从业之路比作“星”路历程感到实不敢当，又怕写得太过枯燥“吓跑了”读者朋友。可细细回忆下，从2008年底由国际象棋转行国际跳棋到今年已有九年，除了我的数据库里的两千多盘对局外，还是有好多“独家消息”零零散散分布在记忆中，时不时调出来回想下，确实有些值得回味和分享的经历和故事。思来想去，纠结不成所幸心一横，那就赶鸭子上架，想到什么就聊什么吧！

圈儿里的挚友开玩笑地说我是编号“九三三二”。这听起来像是代言口号的数字组合还是有点含义，“九”是连续九届全国个人锦标赛冠军、“三”是连续三届亚洲锦标赛冠军及连续三届全国智力运动会冠军，剩下个“二”倒像是半开玩笑地凑给我开心，是两次世界杯分站赛第一。其实比起近些年为国际跳棋倾力宣传的媒体朋友们谬赞为“一姐”，我倒更乐意拿这个有意思的小编号“炫耀”一下。

还有部分“现实派”朋友问我，放下了从6岁学起又当下炙热的国际象棋，再在20岁“高龄”转入前途未知的国际跳棋，是不是赌了一把？甚至是亏了？我寻思对“亏”的解读一方面是时间、精力的再次投入，另一方面应该是包括职业棋手或各阶层教练等从业者的切身利益考虑吧。另外如果把做抉择当成一种取舍，我想如果用赌赢或赌输去衡量，多少有点片面。

当初上海国际跳棋队驻扎在上海建桥学院这座大本营时（后建桥学院从康桥校区搬至临港校区），建桥集团的周星增董事长在一次为国际跳棋队庆功宴上说过一句话，我印象很深。他说：“在这个浮躁的社会，能够静下心来下盘棋的人，应该是一个好人。”

这就好比去年入选年度词汇的“工匠精神”，同样也体现在许多棋手、牌手身上。他们挚爱自己从事的职业，抵御着不计其数的诱惑，一门心思沉浸在方寸棋盘间，在对局中的绞尽脑汁，复盘时的精益求精。

国际跳棋分为100格和64格项目，稍有了解后的爱好者们就不会仅凭棋盘大、棋子多而去断定100格比64格复杂。早在2008年入选为首届世界智力运动会中国队一员时，我就因国际象棋转行而被“名正言顺”地划分到棋盘相同的64格国际跳棋中。先且不说64格有巴西规则、俄罗斯规则两种主流下法，就是仅想平稳度过开局这个小小“愿望”，都常在欧洲人垄断的国际大赛中破灭。

那会儿我曾是一天数小时的做题看谱，在备战重要赛事时一天花费10小时坐在棋盘面前都不算是破纪录。早些时候国内资料极少，我抱着一本前苏联特级大师Vigman的自传对局选如获至宝。这本并不经典的对局选陪伴了我将近一年时间，直到2009年下半年书籍资料才慢慢丰富起来，并且开始借助国跳软件来协助训练。

从手无寸铁，到拥有了强大的武器库，这种喜悦难以言表。可高兴劲儿一过，下一步便是把书上的内容装进自己的脑袋里。在从零开始的艰苦自修中，那真是开局不过关就背、题量不够就刷。在下国际象棋时就知道棋界盛产“女残”（主要是残局枯燥难记，又不好理解。许多女棋手难以掌握，并无恶意），我深知残局的重要性，就肯花时间苦苦冥想，哪怕琢磨出一步靠谱的招法都算成功。

凭着坚持苦练的功底，使我在国跳的技术水平上得到了显著提高，也让我养成了几乎一天不摸棋就心里痒痒的怪习惯。可现在已经组成“双打”的我，肯定无法再像从前一样，一坐几小时不动换，或是长时间对着电脑分析对局。

每天为陪伴肚子里的小家伙长大，我要挪出来很大一部分时间去在意生活中原本无需考虑的细节。从规律作息到饮食结构，再从安排检查到“孕妈课堂”，还得算上散步、看书、听音乐和读故事等等这些再繁琐不过的功课了。真再让我一天内能有1、2小时安安心心瞅眼题、看盘棋都是难以保证的。

看起来今年的比赛密度不小，且要完成7月份到天津进行全运会总决赛这项艰巨的任务，我训练时间的确难以保证了。不怕笑话地说，我今年的个人锦标赛和亚锦赛，基本都属于“吃老本”状态。我在赛前正处于怀孕初期，有时身体不适天天躺着什么都做不了、想不进去，差不多就是昏天暗地地睡觉了。

可我想“小家伙”日渐配合，自己能以“准妈妈棋手”的身份应对比赛时，就较以往稍有紧张或焦虑的状态大有区别。拥有超级好心情不说，真是有点“领先不怕输、高手不怕和”的意思。难怪在这两次比赛中，我都隐约感到，好像这胜负的包袱都被我甩给了对方，自己大多只要根据眼前的局面找到自己满意的招法和变化就OK啦！

其实我想这并不是偶然或运气。我一直都知道“功夫在棋外”这句话，也慢慢品悟到它的意思。这就好比两位实力相当的选手在竞技水平上或许不分高低，那他们在棋盘中对抗的不仅仅是几步棋，承受的压力、成绩的负担、体力的储备甚至精神状态等等这些细微之处，更可能使胜负的天平稍有倾斜。

这就好理解，包括我在内的部分棋手在关键战时，选择拿什么样式的笔、穿什么颜色的衣服，或是喝什么水、什么时候喝都有点“讲究”。我倒觉得这不是强迫症或是迷信，只不过我们拿着和自己有感应的装备，在一种较为轻松的状态中，更有自信地去应对一场恶战！

说回4月底5月初在上海财经大学举行的全运会国际跳棋预赛（上海赛区）的比赛，64格女子组除了我一个成人外，几乎清一色的都是十几岁正在读小学、中学的小姑娘们。以她们目前的水平要在比赛中直接和我正面较量有点牵强，但在这些文文静静的女孩子们之中，确实有几位在棋盘上颇有冲劲的潜力小棋手。

由上海市体育局上海棋牌运动管理中心（上海棋院）建立的上海国际跳棋队，在近几年启动的青少年棋手训练计划，也正是希望能够在全市范围内全力挖掘、培养青少年棋手，建立梯队，争取让这些有潜力的青少年棋手，早日具备在全国青少年专项比赛中与其他省市的小棋手一决高下的信心，甚至能够在成人比赛中初露头角。

在九轮比赛中，我遇到不少自己带教的小家伙。她们有些正在勤苦训练，有些已经和我作伴儿参加了今年深圳的个人锦标赛。在确保能够获得第一出线的前提下，我还尽量能够在对局中考验考验这些小弟子们，并且时刻关注着她们的对局。

“传、帮、带”是上海棋牌项目的优良传统。作为国际跳棋队的队长，今年或担任运动员兼教练角色的我，就更有责任和义务协助这些孩子们成长为棋艺出色、品学兼优的“全面少年”。权当我是在国际跳棋项目中摸石头过河的探路人，那就更应该给已经投身或即将参与国际跳棋项目的孩子们一些正面影响。

我在这些孩子们眼中平日多数严厉，实际上喜爱无需天天挂在嘴边。国际跳棋入门时趣味性强，但一脚踏进专业圈儿，那绝对体现出竞技的残酷。我之所以能够在比赛中“笑到最后”，是需要十分苛刻的自我要求。

但最近刘老师严厉的一面少了许多，估摸着我是处在“特殊时期”，怎么看这些聪颖乖巧的孩子们怎么可爱！哪怕是走些稀奇古怪的错招，我也暂且网开一面，秋后算账了！无论如何，我由衷地希望能在这群“娃娃棋手”中早点出现几位接班人，可别让我这个现役“准妈妈”棋手成为形单影只的“大熊猫”！

五子棋史话

顾行云

五子棋的起源

中国是一个有着数千年文明史的东方大国。中华民族以自己的勤劳和智慧，创造了灿烂的古代文明，对人类发展做出了重大贡献。和围棋、象棋等智力运动项目一样，作为深受大众喜爱、老少皆宜的五子棋，也起源于古代中国。相传在尧舜时期，五子棋已经出现。

在中国古代神话传说中有“女娲造人、伏羲做棋”一说，说明在很久以前就有“棋”了，目的是教化先民以明事理。虽然现在普遍认为围棋是历史最悠久的棋种，但是由于五子棋和围棋使用的是同样的棋具，并且规则还比围棋简单，因此或许可以推断五子棋的历史至少和围棋一样悠久。

虽然围棋和五子棋都是中国传统黑白棋种，但是两者之间从理念、思路到技战术都是截然不同的。围棋体现的是宏大的军团式作战，是一场歼灭与被歼灭的战役。而五子棋则是纯粹的个体间的战斗，体现的是一招制胜的惊险和刺激。在人类社会发展早期，更多的是个体行为，人类更崇尚的是个体的力量和智慧，这些在五子棋中都能得到体现。

五子棋的发展

五子棋的发明承载着古代中国劳动人民的智慧，但同围棋相似，五子棋的竞技技术是在日本得到真正的发展。相传五子棋最早在中国南北朝时期，辗转流传到高句丽（朝鲜半岛古代王朝之一）、日本。而根据日本现存的文献资料记载，中国古代的五子棋是先经由朝鲜王朝，于1688年至1704年的日本元禄时代传到日本的。起先，五子棋是日本宫廷贵族的游戏，后来被进出宫廷送货的商人无意中看见，由此流传到了民间，迅速发展，为人们所深爱。据说，在日本某个时期的五子棋爱好者人数曾经一度超过了围棋。20世纪中叶，在日本连珠社的推广传播下，五子棋传入欧洲，并迅速风靡，特别在俄罗

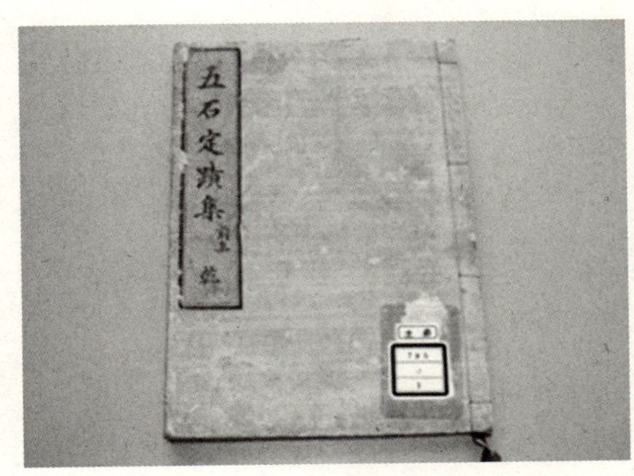

斯、爱沙尼亚、瑞典等国尤为盛行。

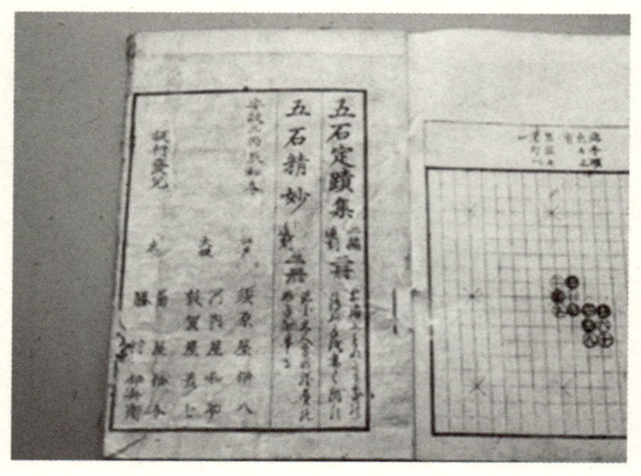
五石定蹟集
五石精妙

五子棋为什么叫“连珠”

五子棋流传到日本以后的一段时间里，被冠以各种名称，包括：朝鲜五子棋、串珠、连五子、五石、五目、五目碰，等等，五花八门。为了结束这种乱名现象，让五子棋这项智力运动有一个既优美又统一的名称，以表示对棋道的尊重，在当时的日本五子棋第一高手黑岩泪香的主持下，日本明治三十二年（公元1899年），通过《万朝报》向社会公开征名，最终确定了“联珠”这一美妙的名称，它的含义是“日月如合璧，五星如联珠”。后来，被称为“连珠”，直至今天。英译为“Renju”。

五子棋竞技规则的改良

当日本五子棋界为五子棋正式确定名字后，为使该项比赛更显公平更富有竞技性，五子棋的技术规则被不断修订完善（主要是对先手执黑棋方加以限制）。例如，1899年规定，禁止黑白双方走“双三”；1903年规定，只禁止黑方走“双三”；1912年规定，黑方被迫走“双三”亦算输；1916年规定，黑方不许走“长连”；1918年规定，黑方不许走“四.三.三”；1931年规定，黑方不许走“双四”，并规定将原使用19×19的棋盘改为15×15的五子棋专用棋盘。这些修订对五子棋竞技发展起到了重要而关键的推动作用，意义深远，并成为今天五子棋竞技规则的基石。

国际化的五子棋

20世纪后期，五子棋更趋于国际化。1988年8月8日，国际连珠联盟（RIF）由日本、苏联（主要包括俄罗斯、亚美尼亚、阿塞拜疆、爱沙尼亚、拉脱维亚、白俄罗斯等加盟共和国）、瑞典、法国等4个成员国在瑞典宣告创立，总部设在瑞典的首都斯德哥尔摩。

国际连珠联盟成立后，加大了健全完善五子棋赛事规则的力度，促使五子棋在“趣味性”的基础上凸显了“竞技性”，从单纯的民间游戏向专业的智力竞技项目发展，推动五子棋竞赛更加公平、公正与规范，从而最终使得五子棋成为一种国际智力竞技运动。现在全世界已有数十个国家和地区开展起五子棋运动。

我国和上海五子棋运动发展情况

1990年，北京五子棋爱好者那威和一

些同好，共同发起并成立了国内首个五子棋民间组织——京都五子棋队。此后天津、上海、镇江、廊坊等地的五子棋民间组织相继成立。2001 年，国家体育总局批准中国棋院试办全国性五子棋比赛。2002 年 8 月，中国棋院举办了首届全国五子棋个人邀请赛，共连续举办了 5 届。2004 年 6 月，中国围棋协会五子棋分会成立。2006 年 2 月，国家体育总局对五子棋正式立项。2007 年 5 月和 10 月，国家体育总局棋牌运动管理中心分别举办全国五子棋团体锦标赛和全国五子棋个人锦标赛，每年一届。2009 年 11 月，首届全国智力运动会在四川举办，五子棋是正式竞技项目之一。

上海是国内较早开展五子棋运动的地区之一，仅次于北京、天津。1995 年“上文杯”五子棋大赛是上海首次举办的大型五子棋比赛，参赛总人数达数千人，仅社会组报名就近千人，决赛在当时的文化广场举行，上海有线电视台体育频道进行了直播，影响深远。赛后，在一些爱好者的倡议和自发组织下，上海五子棋群体性活动在人民公园开展。2002 年，在上海棋院的指导下，成立上海市围棋协会五子棋委员会筹备组。2010 年，正式成立上海市围棋协会五子棋委员会，在上海市棋牌运动管理中心、上海棋院的领导下，负责指导和开展上海地区的五子棋赛事活动、青少年体教结合等。

世界五子棋格局和我国五子棋地位

从上世纪至今，世界五子棋整体格局基本维持“东西对峙”的局面。20 世纪的时候，东方以日本为强，西方则以俄罗斯为首。随着时间的变化，代表国家也发生了变化。目前，东方以中国为首，日本、韩国紧随其后。西方则以爱沙尼亚为强，俄罗斯位居次席。中国在世界五子棋大家庭中的地位越来越重要，已经成为不可或缺的重要一员。

上世纪 90 年代，随着五子棋重回母亲国的怀抱，各地五子棋爱好者数量骤增。特别是近年来，五子棋在我国发展速度迅猛，相继冒出了一批具有强大潜力和冲击力的高水平棋手，老一辈棋手中有上海的李洪斌、顾炜、葛凌峰等；北京的张进宇、白涛、陈伟、刘彤、崔悦、殷立成等，中生代棋手则包括了上海的朱建锋、薛文曦、俞满江、陈文夏、蔡力捷等；北京的曹冬、吴昊、李一、仇云飞等；和湖北、四川、辽宁、黑龙江、安徽、广东等地区的梅凡、吴镝、黄圣明、芦海、祁观、贺启发、黄立勤等；同时，汪清清、郑蔚楠、黄琼莹、霍九旭、万俊宏、顾婉卿、于亚君、刘恂、董晨瑛等一批女子棋手的崛起也提升了我国五子棋女棋手的整体实力。此外，各地区还有一大批充满希望的“明日之星”更是中国五子棋的后备力量。

漫谈五子棋的规则

顾 炜

所谓“工欲善其事，必先利其器”。要下好五子棋，了解清楚必要规则是很要紧的一件事。2009年，国家体育总局棋牌运动管理中心制定出台了《全国五子棋竞赛规则（2009版）》，2013年又进行了修订，公布了最新版本。现在就为大家挑重点作些介绍。

一、先五为胜

五子棋，顾名思义就是连成五个的棋，因此五子棋对局中的黄金法则就是“先五为胜”，只要任意一方率先在阳线（棋盘上的竖线和横线）或阴线（棋盘上的斜线）连成五个棋子，该方就获得胜利。

二、先行方有禁手

众所周知，五子棋对局中先行方具有天然优势，因此设置了一些专门抑制先行方先手之利的规则。其中，最核心的就是针对先行方增设“禁手”，目的是禁止黑棋在对局中形成特殊棋形的关键一手棋。所谓的特殊棋形包括“三三”、“四四”和“长连”。

三、五子棋的开局

最新版的《全国五子棋竞赛规则》规定，五子棋的开局有两种，一种是指定开局，另一种是自由开局。前者是对局开始后由黑方从26种开局中任选其一摆在棋盘上。后者是对局开始后由双方轮流行棋决定的开局。

四、指定开局

黑方决定了前三颗棋子落于何处，其中包括两颗黑子和一颗白子，一般由黑方完成。具体来讲，第一颗黑子必须放在棋盘的天元位置，第一颗白子必须放在以天元为中心的3*3范围的8个空白交叉点的任意一个上，第二颗黑子则必须放在以天元为中心的5*5范围的23个空白交叉点的任意一个上。在专业赛事中，多采用该项开局规则。

五、26个开局

在五子棋技术发展过程中，逐渐形成了26个指定开局。为了方便记忆，日本五子棋界分别以“星”和“月”命名这些开局，被世界各国沿用至今。最新版的《全国五子棋竞赛规则》规定，采用指定开局办法的比赛均采用26种开局，按照第一颗白子的落子位置，又将26种开局分为斜指开局和直指开局，每种各有13个开局。包括斜指开局的长星局、峡月局、恒星局、水月局、流星局、云月局、浦月局、岚月局、银月局、明星局、斜月局、名月局、彗星局和直指开局的寒星局、溪月局、疏星局、花月局、残月局、雨月局、金星局、松月局、丘月局、新月局、瑞星局、山月局、游星局。

六、三手交换

最新版的《全国五子棋竞赛规则》规定，在采用指定开局的对局中，当先行方完成开局并提出第五手需要的打点数量时，白方可以考虑选择黑棋或白棋，每盘棋只有一次选择机会，如提出交换黑、白方，则黑方必须同意交换。这个规则的目的是为了避免指定开局方选择“浦月”、“花月”之类的超级大优局秒杀后行方的举措。只要你敢开“花月”，我就一定交换。

七、五手N打

在专业赛事中，黑方在指定开局的同时要明确提出本局盘面第五手（第三颗黑子）时所需的打点数量，此后无论对局者谁执黑棋，都需要在落第五手时按照要求的打点数量，在盘面上的空白交叉点上放置相应数量且位置不同形（包括轴对称和中心对称）的黑子，白方只能在这些黑子中留下一颗黑子作为第五手。

八、各类五子棋开局规则一览

版本	主要规则	掌握难易	规则要点	规则难点	适应对象	爱好者级别	适用范围
启蒙	黑白轮流落子 先五为胜	一句话听懂 1分钟包会	先五为胜	无难点	老少咸宜	菜鸟	趣味游戏或活动
入门	黑先白后 轮流落子 先五为胜	一句话听懂 1分钟包会	黑先白后	无难点	老少咸宜	略知一二	普及游戏或活动
初级	黑先白后 轮流落子 黑棋有禁手 先五为胜 黑棋出现禁手负	一句话听懂 5分钟包会	禁手	禁手	老少咸宜	稍有涉猎	业余赛事
进阶	黑先白后 假先方指定开局 三手交换 轮流落子 黑棋有禁手 先五为胜 黑棋出现禁手负	一句话听懂 10分钟包会	指定开局 三手交换	指定开局	老少咸宜	学以致用	半专业赛事

续表

版本	主要规则	掌握难易	规则要点	规则难点	适应对象	爱好者级别	适用范围
中级（RIF规则）	黑先白后 假先方指定开局 五手二打 三手交换 轮流落子 黑棋有禁手 先五为胜 黑棋出现禁手负	5分钟听懂 半堂课包会	指定开局 三手交换 五手二打	五手二打	老少咸宜	学有所获	专业赛事
高级（山口规则）	黑先白后 假先方指定开局 五手N打 三手交换 轮流落子 黑棋有禁手 先五为胜 黑棋出现禁手负	10分钟听懂 半堂课包会	指定开局 三手交换 五手N打	五手N打	老少咸宜	学有心得	精英级 专业赛事
特级1（山口进化规则或索索夫规则）	黑先白后 假先方指定开局 三手交换 假后方提出1-8打点数量 四手交换 轮流落子 黑棋有禁手 先五为胜 黑棋出现禁手负	半堂课听懂 一堂课包会	指定开局 三手交换 五手1-8打 四手交换	四手交换	老少咸宜	学有大成	超级精英 专业赛事
特级2（山口变例规则或山口—索索夫规则）	黑先白后 假先方指定开局 或五手N打 三手交换 轮流落子 黑棋有禁手 先五为胜 黑棋出现禁手负； 或三手交换 假后方提出1—8打点数量 四手交换 轮流落子 黑棋有禁手 先五为胜 黑棋出现禁手负	半堂课听懂 一堂课包会	自主选择	自主选择	老少咸宜	学有所悟	超级精英 专业赛事

图书在版编目(CIP)数据

上海棋牌.第一辑/上海棋院编.—上海:上海书店出版社,2017.11

ISBN 978-7-5458-1472-9

Ⅰ.①上… Ⅱ.①上… Ⅲ.①棋类运动-介绍-上海②扑克-介绍-上海 Ⅳ.①G89

中国版本图书馆 CIP 数据核字(2017)第 117395 号

责任编辑 杨柏伟
技术编辑 吴 放
装帧设计 汪 昊

上海棋牌(第一辑)

上海棋院 编

出 版 上海世纪出版股份有限公司上海书店出版社
(200001 上海福建中路 193 号 www.ewen.co)
发 行 上海世纪出版股份有限公司发行中心
印 刷 上海商务联西印刷有限公司
开 本 787×1092mm 1/16
印 张 6.25
版 次 2017 年 11 月第 1 版
印 次 2017 年 11 月第 1 次印刷
ISBN 978-7-5458-1472-9/G·123
定 价 30.00 元